BRIAN GAGG

WORTSUCHRÄTSEL 3 in 1 SAMMELBAND

FRÜHLING, OSTERN und GEBURTSTAG

Bibliografische Information der Deutschen Nationalbibliothek:
Die Deutsche Nationalbibliothek verzeichnet diese Publikation in der Deutschen Nationalbibliografie; detaillierte bibliografische Daten sind im Internet über http://dnb.dnb.de abrufbar.

Herstellung und Verlag: BoD – Books on Demand, Norderstedt
ISBN: 9783754375075

Inhaltsangabe Seite

Einleitung

Auf den folgenden Seiten finden sich thematisch sortierte Wortsuchrätsel.
Um ein Wortsuchrätsel zu lösen, müssen alle jeweils aufgelisteten Worte in der darüber befindlichen Buchstabenmatrix gefunden werden. Ist ein Wort gefunden, sollte es mit einem Stift umkreist und das gefundene Wort aus der Liste gestrichen werden. Sind alle Worte aus der Liste gefunden, ist das Rätsel gelöst. Bei Schwierigkeiten ein Rätsel zu lösen, kann die Lösung jeweils auf der Rückseite nachgeschaut werden. Die zu findenden Worte sind jeweils als ganzes (d.h. immer nur in einer Richtung und ungebrochen) in der Matrix nach folgenden Regeln versteckt:

- Suchworte können sich überlagern, d.h. ein Buchstabenkästchen kann von mehreren Suchworten genutzt sein.

- Worte können vorwärts, rückwärts, horizontal, vertikal oder diagonal in der Matrix versteckt sein.

- Suchworte stehen für sich alleine und sind unter- oder nebeneinander aufgelistet.

J F N K H C B T P Z T D T T R O D I S
Q N G N U N F F O H Z E I N E E E Z N
W U H C R M S X G G T E E A F D F T L
B O S L I W Q P A K P R Z O E B A S S
E G V J A W R X T L E O S E A R C L P
R O K U I D M S I T P U E R K S S A G
N P Q F A F S C E C H E R S I J I B I
X V F Y F C J S R R G V H J A W E X Z
E O J X J U M H F O E Z A K M D C X W
W A I B X M L F R O X G J E N C Q M N
O A O F C S V F A F S B E D I K I V U
H C N T J F V I K T V T O N F V T I X
Y N P H S Y I A S Q Y L E E B C X J K
J Z W H G Z L J O I C C M R M O A J A
X Z S P S B P K J N N K E E N J G W V
Y A S P E W W O I G L G R N O E J E N
I G R H E J S B C U H G V V C N S R N
P K N I S X V U I M X P W O G C H W W
H N I M V D S L N D P T F U G R G A T
F Q A K E Y Q J D P M T B S O E Q C R
I P L W Z G X C D J C D G I N I L H S
R Y X F O C I I J B V R X K J A L E L
J D J W G V F G U L F N E N E I B N X
J M G E T R X I V S I J M H N I T Q B

1

REGENBOGEN
BIENENFLUG
KARFREITAG
JAHRESZEIT
SINGVOGEL

MAIKAEFER
HOFFNUNG
ERWACHEN
EISCAFE
OSTERN

Lösung

J	F	N	K	H	C	B	T	P	Z	T	D	T	T	R	O	D	I	S
Q	N	G	N	U	N	F	F	O	H	Z	E	I	N	E	E	E	Z	N
W	U	H	C	R	M	S	X	G	G	T	E	E	A	F	D	F	T	L
B	O	S	L	I	W	Q	P	A	K	P	R	Z	O	E	B	A	S	S
E	G	V	J	A	W	R	X	T	L	E	O	S	E	A	R	C	L	P
R	O	K	U	I	D	M	S	I	T	P	U	E	R	K	S	S	A	G
N	P	Q	F	A	F	S	C	E	C	H	E	R	S	I	J	I	B	I
X	V	F	Y	F	C	J	S	R	R	G	V	H	J	A	W	E	X	Z
E	O	J	X	J	U	M	H	F	O	E	Z	A	K	M	D	C	X	W
W	A	I	B	X	M	L	F	R	O	X	G	J	E	N	C	Q	M	N
O	A	O	F	C	S	V	F	A	F	S	B	E	D	I	K	I	V	U
H	C	N	T	J	F	V	I	K	T	V	T	O	N	F	V	T	I	X
Y	N	P	H	S	Y	I	A	S	Q	Y	L	E	E	B	C	X	J	K
J	Z	W	H	G	Z	L	J	O	I	C	C	M	R	M	O	A	J	A
X	Z	S	P	S	B	P	K	J	N	N	K	E	E	N	J	G	W	V
Y	A	S	P	E	W	W	O	I	G	L	G	R	N	O	E	J	E	N
I	G	R	H	E	J	S	B	C	U	H	G	V	V	C	N	S	R	N
P	K	N	I	S	X	V	U	I	M	X	P	W	O	G	C	H	W	W
H	N	I	M	V	D	S	L	N	D	P	T	F	U	G	R	G	A	T
F	Q	A	K	E	Y	Q	J	D	P	M	T	B	S	O	E	Q	C	R
I	P	L	W	Z	G	X	C	D	J	C	D	G	I	N	I	L	H	S
R	Y	X	F	O	C	I	I	J	B	V	R	X	K	J	A	L	E	L
J	D	J	W	G	V	F	G	U	L	F	N	E	N	E	I	B	N	X
J	M	G	E	T	R	X	I	V	S	I	J	M	H	N	I	T	Q	B

K	V	T	I	J	R	K	F	Y	D	F	O	S	B	C	I	F	U	Y
A	E	F	R	U	E	H	L	I	N	G	S	L	U	S	T	R	Q	T
H	T	F	P	M	U	A	R	T	S	G	N	I	L	H	E	U	R	F
E	T	M	R	J	H	R	X	S	Z	E	P	D	H	M	D	E	Z	F
F	C	C	W	X	B	J	Q	J	U	B	T	V	D	E	U	H	K	L
R	B	K	T	Z	I	E	V	P	Q	U	O	E	N	T	B	L	R	X
X	J	M	P	J	Z	P	V	C	D	K	L	M	P	A	Z	I	U	O
T	H	B	U	B	O	B	O	I	N	A	U	U	O	S	Q	N	K	R
W	S	M	P	G	M	W	V	M	I	B	S	L	C	G	T	G	R	J
F	W	O	Z	B	G	I	U	U	K	C	T	B	J	N	A	S	S	Y
W	E	I	S	S	S	T	O	R	C	H	I	S	C	I	E	S	L	G
M	C	P	W	G	X	U	B	H	U	Z	E	G	O	L	E	T	L	I
O	M	A	E	H	E	N	L	T	D	Y	F	N	S	H	Z	R	C	H
U	H	J	D	V	J	N	U	K	T	Q	M	I	I	E	K	A	Q	G
H	U	C	S	T	Q	A	E	W	S	Q	U	L	M	U	J	U	P	B
N	T	N	S	E	E	N	T	N	Z	X	E	H	N	R	X	S	R	V
P	C	R	W	I	P	E	E	K	M	R	T	E	E	F	Q	S	C	T
O	K	O	U	Y	A	Z	N	J	N	A	T	U	M	V	N	B	K	C
H	R	C	W	P	Z	N	B	X	P	T	E	R	U	K	U	V	R	Q
M	T	M	C	H	L	A	L	D	O	T	R	F	L	W	X	V	A	X
F	I	Z	R	Q	C	F	A	I	F	H	C	I	B	J	B	Q	S	O
Y	K	G	T	Q	A	P	T	D	B	O	H	N	G	L	I	V	E	T
G	L	B	W	F	Q	O	T	I	P	G	E	V	C	S	N	Q	N	C
Z	J	E	O	Y	L	V	I	V	P	N	N	X	W	E	O	Z	D	H

2

FRUEHLINGSSTRAUSS
STIEFMUETTERCHEN
FRUEHLINGSTRAUM
FRUEHLINGSBLUME
BLUMEN PFANZEN

FRUEHLINGSATEM
FRUEHLINGSLUST
RASEN MAEHEN
BLUETENBLATT
WEISSSTORCH

Lösung

K V T I J R K F Y D F O S B C I F U Y
A E F R U E H L I N G S L U S T R Q T
H T F P M U A R T S G N I L H E U R F
E T M R J H R X S Z E P D H M D E Z F
F C C W X B J Q J U B T V D E U H K L
R B K T Z I E V P Q U O E N T B L R X
X J M P J Z P V C D K L M P A Z I U O
T H B U B O B O I N A U U O S Q N K R
W S M P G M W V M I B S L C G T G R J
F W O Z B G I U U K C T B J N A S S Y
W E I S S S T O R C H I S C I E S L G
M C P W G X U B H U Z E G O L E T L I
O M A E H E N L T D Y F N S H Z R C H
U H J D V J N U K T Q M I I E K A Q G
H U C S T Q A E W S Q U L M U J U P B
N T N S E E N T N Z X E H N R X S R V
P C R W I P E E K M R T E E F Q S C T
O K O U Y A Z N J N A T U M V N B K C
H R C W P Z N B X P T E R U K U V R Q
M T M C H L A L D O T R F L W X V A X
F I Z R Q C F A I F H C I B J B Q S O
Y K G T Q A P T D B O H N G L I V E T
G L B W F Q O T I P G E V C S N Q N C
Z J E O Y L V I V P N N X W E O Z D H

S	A	M	E	N	N	S	W	B	H	Q	N	D	R	V	Q	Q	X	L
I	R	T	Z	J	K	E	X	C	K	Z	J	F	J	S	Z	J	Z	G
W	M	F	V	G	T	I	W	R	W	O	R	P	N	P	U	V	W	O
V	G	F	M	T	B	E	R	F	A	S	L	Y	C	P	B	M	Z	Q
Q	R	T	E	C	B	L	H	G	U	H	R	A	B	P	K	S	B	V
Z	O	R	D	Q	P	L	F	W	X	B	C	D	A	Q	X	B	J	Q
U	P	Q	M	E	C	X	Y	H	X	C	R	H	R	T	G	F	R	G
L	X	Q	V	H	R	Z	R	D	W	T	Y	M	L	J	C	F	O	N
E	H	C	S	I	R	F	S	G	N	I	L	H	E	U	R	F	R	P
E	I	Z	K	K	D	F	B	D	K	M	A	M	R	W	U	L	L	N
J	F	R	U	E	H	L	I	N	G	S	W	E	T	T	E	R	S	Y
E	T	W	A	M	S	E	L	E	Q	H	S	O	E	K	Y	J	Y	M
B	C	N	E	H	E	A	S	S	U	A	N	O	D	N	M	O	S	B
D	G	U	Z	H	Q	O	V	P	K	A	K	T	J	F	Y	V	X	I
S	E	G	I	D	N	E	A	T	S	E	B	N	U	C	N	P	U	I
P	X	E	N	S	X	C	E	Y	V	P	T	P	K	H	F	Q	F	I
D	Z	K	J	I	Y	U	F	X	W	B	F	U	H	O	L	J	E	F
Q	A	L	E	S	S	E	N	D	L	O	G	K	D	L	A	J	Z	W
C	P	R	R	U	K	Y	V	T	T	A	V	S	N	R	P	T	N	R
E	I	D	O	L	E	M	S	G	N	I	L	H	E	U	R	F	U	G
G	D	H	Z	N	E	L	F	B	U	V	V	Z	S	G	L	L	Y	L
A	H	Z	J	B	J	Y	B	J	C	U	L	Z	C	Z	S	O	C	T
R	O	O	P	D	B	S	D	E	C	C	Q	Q	N	A	H	B	E	S
R	V	M	R	F	L	I	E	D	E	R	B	D	T	L	R	P	P	Y

UNBESTAENDIGES WETTER
FRUEHLINGSMELODIE
FRUEHLINGSFRISCHE
FRUEHLINGSWETTER
GOLDNESSEL
AUSSAEHEN
FLIEDER
AMSEL
SAMEN
LENZ

Lösung

S	A	M	E	N	N	S	W	B	H	Q	N	D	R	V	Q	Q	X	L
I	R	T	Z	J	K	E	X	C	K	Z	J	F	J	S	Z	J	Z	G
W	M	F	V	G	T	I	W	R	W	O	R	P	N	P	U	V	W	O
V	G	F	M	T	B	E	R	F	A	S	L	Y	C	P	B	M	Z	Q
Q	R	T	E	C	B	L	H	G	U	H	R	A	B	P	K	S	B	V
Z	O	R	D	Q	P	L	F	W	X	B	C	D	A	Q	X	B	J	Q
U	P	Q	M	E	C	X	Y	H	X	C	R	H	R	T	G	F	R	G
L	X	Q	V	H	R	Z	R	D	W	T	Y	M	L	J	C	F	O	N
E	H	C	S	I	R	F	S	G	N	I	L	H	E	U	R	F	R	P
E	I	Z	K	K	D	F	B	D	K	M	A	M	R	W	U	L	L	N
J	F	R	U	E	H	L	I	N	G	S	W	E	T	T	E	R	S	Y
E	T	W	A	M	S	E	L	E	Q	H	S	O	E	K	Y	J	Y	M
B	C	N	E	H	E	A	S	S	U	A	N	O	D	N	M	O	S	B
D	G	U	Z	H	Q	O	V	P	K	A	K	T	J	F	Y	V	X	I
S	E	G	I	D	N	E	A	T	S	E	B	N	U	C	N	P	U	I
P	X	E	N	S	X	C	E	Y	V	P	T	P	K	H	F	Q	F	I
D	Z	K	J	I	Y	U	F	X	W	B	F	U	H	O	L	J	E	F
Q	A	L	E	S	S	E	N	D	L	O	G	K	D	L	A	J	Z	W
C	P	R	R	U	K	Y	V	T	T	A	V	S	N	R	P	T	N	R
E	I	D	O	L	E	M	S	G	N	I	L	H	E	U	R	F	U	G
G	D	H	Z	N	E	L	F	B	U	V	V	Z	S	G	L	L	Y	L
A	H	Z	J	B	J	Y	B	J	C	U	L	Z	C	Z	S	O	C	T
R	O	O	P	D	B	S	D	E	C	C	Q	Q	N	A	H	B	E	S
R	V	M	R	F	L	I	E	D	E	R	B	D	T	L	R	P	P	Y

Z R E A V R J L N Q P W R C N H E X H
T L S F U N I F L X H I T N C R B I U
U Y U Q T Q W F C X D S W F D E Q A T
P P T E G T C U R Z J A P B L G D E S
S Q H C G K S I O N O U E U O N C M K
R H Q Z F O S D D W G E R R T U B I G
H V M F F Y F C O K R V S Y L L G V X
A X X R I P W G K E S O T J Y L R P C
J W C U Q V T I N P I D X Z N E Y Q I
H N F E J S N Z L R W G B S A T Y M L
E S M H N S M D O E N N F L A S X Y T
U J R L F U D K E I Z M Z N R M O C I
R W U I D A B K W F K X L R M U G H E
F L W N B R X E E E W M L W F T I I Z
X D N G M T Q G N N D K E T E I N H S
A O E S G S T U M W Z Y X Y N E L X G
A P G M K N V B A E G G P H E Z V J N
S X E I P E O Q E C C D B F U E U G I
N I R L V P F G U H C F T G R E U O L
G M B D B L I R L S W L W O G L E T H
T L X M Q U O Q C E Q U W V F L O Y E
B B N K V T O F H L J X P S O X S M U
K I C M B L R H E Z M D U X A N V C R
U X U Z I U W K N R T A Q E I W U U F

AUSFLUG INS GRUENE
LOEWENMAEULCHEN
FRUEHLINGSMILD
ZEITUMSTELLUNG
FRUEHJAHRSPUTZ
FRUEHLINGSZEIT
TULPENSTRAUSS
REIFENWECHSEL
REGENWURM
ERDBEEREN

Lösung

Z	R	E	A	V	R	J	L	N	Q	P	W	R	C	N	H	E	X	H
T	L	S	F	U	N	I	F	L	X	H	I	T	N	C	R	B	I	U
U	Y	U	Q	T	Q	W	F	C	X	D	S	W	F	D	E	Q	A	T
P	P	T	E	G	T	C	U	R	Z	J	A	P	B	L	G	D	E	S
S	Q	H	C	G	K	S	I	O	N	O	U	E	U	O	N	C	M	K
R	H	Q	Z	F	O	S	D	D	W	G	E	R	R	T	U	B	I	G
H	V	M	F	F	Y	F	C	O	K	R	V	S	Y	L	L	G	V	X
A	X	X	R	I	P	W	G	K	E	S	O	T	J	Y	L	R	P	C
J	W	C	U	Q	V	T	I	N	P	I	D	X	Z	N	E	Y	Q	I
H	N	F	E	J	S	N	Z	L	R	W	G	B	S	A	T	Y	M	L
E	S	M	H	N	S	M	D	O	E	N	N	F	L	A	S	X	Y	T
U	J	R	L	F	U	D	K	E	I	Z	M	Z	N	R	M	O	C	I
R	W	U	I	D	A	B	K	W	F	K	X	L	R	M	U	G	H	E
F	L	W	N	B	R	X	E	E	E	W	M	L	W	F	T	I	I	Z
X	D	N	G	M	T	Q	G	N	N	D	K	E	T	E	I	N	H	S
A	O	E	S	G	S	T	U	M	W	Z	Y	X	Y	N	E	L	X	G
A	P	G	M	K	N	V	B	A	E	G	G	P	H	E	Z	V	J	N
S	X	E	I	P	E	O	Q	E	C	C	D	B	F	U	E	U	G	I
N	I	R	L	V	P	F	G	U	H	C	F	T	G	R	E	U	O	L
G	M	B	D	B	L	I	R	L	S	W	L	W	O	G	L	E	T	H
T	L	X	M	Q	U	O	Q	C	E	Q	U	W	V	F	L	O	Y	E
B	B	N	K	V	T	O	F	H	L	J	X	P	S	O	X	S	M	U
K	I	C	M	B	L	R	H	E	Z	M	D	U	X	A	N	V	C	R
U	X	U	Z	I	U	W	K	N	R	T	A	Q	E	I	W	U	U	F

C	Y	A	F	X	U	Y	R	A	B	G	E	Y	V	N	P	O	O	S
Z	V	G	A	J	S	Q	F	H	H	V	E	D	Z	Z	Z	U	G	C
F	E	U	O	Z	C	D	M	T	C	X	W	U	S	P	L	K	S	W
N	R	S	F	R	U	E	H	L	I	N	G	S	A	N	M	U	T	E
P	O	U	A	T	V	L	V	O	V	O	P	A	E	T	O	A	I	I
R	J	N	E	H	D	T	B	T	W	S	A	A	A	M	M	Y	N	D
Q	P	E	J	H	R	K	R	U	M	M	E	L	C	X	H	Q	C	E
A	Y	P	W	H	L	E	D	G	N	I	H	C	S	A	F	O	W	N
V	N	S	Q	Q	R	I	T	L	V	N	L	Y	D	Y	D	V	K	K
R	E	O	X	A	T	P	N	S	B	B	D	I	K	M	V	Y	N	A
N	H	N	J	Q	P	T	A	G	O	W	A	J	X	L	N	X	N	E
E	C	K	P	Q	L	A	K	L	S	J	D	D	O	C	Y	R	Z	T
L	U	C	I	G	M	X	H	U	L	K	A	Z	Y	V	W	M	E	Z
H	S	O	Z	U	K	R	D	H	G	T	L	K	R	F	W	C	U	C
A	N	L	I	R	V	Z	V	O	H	T	X	A	E	T	S	R	E	H
R	D	D	P	L	L	Q	T	J	I	L	R	U	N	T	R	I	O	E
T	H	H	N	K	P	E	J	I	V	Y	M	M	T	G	G	E	B	N
S	S	P	G	S	X	A	B	K	M	L	M	J	C	B	X	Z	G	W
N	H	Y	O	P	Y	F	A	E	K	U	K	Z	Z	G	N	I	R	R
E	F	W	N	H	B	P	D	R	N	F	X	B	I	S	F	A	V	U
N	J	L	G	M	O	P	V	X	K	C	R	L	B	E	J	A	A	R
N	B	Y	L	L	Y	B	H	E	V	M	Y	E	B	X	A	Z	Z	M
O	P	N	Q	E	Z	X	R	L	Q	B	J	I	I	G	B	C	A	M
S	O	X	A	U	D	V	O	V	C	V	G	X	T	E	O	V	F	L

ERSTE SONNENSTRAHLEN
FRUEHLINGSANMUT
WEIDENKAETZCHEN
FRUEHLINGSKLANG
EIER SUCHEN

OSTERHASE
FASCHING
KNOSPEN
RUMMEL
NEBEL

Lösung

C	Y	A	F	X	U	Y	R	A	B	G	E	Y	V	N	P	O	O	S
Z	V	G	A	J	S	Q	F	H	H	V	E	D	Z	Z	Z	U	G	C
F	E	U	O	Z	C	D	M	T	C	X	W	U	S	P	L	K	S	W
N	R	S	F	R	U	E	H	L	I	N	G	S	A	N	M	U	T	E
P	O	U	A	T	V	L	V	O	V	O	P	A	E	T	O	A	I	I
R	J	N	E	H	D	T	B	T	W	S	A	A	A	M	M	Y	N	D
Q	P	E	J	H	R	K	R	U	M	M	E	L	C	X	H	Q	C	E
A	Y	P	W	H	L	E	D	G	N	I	H	C	S	A	F	O	W	N
V	N	S	Q	Q	R	I	T	L	V	N	L	Y	D	Y	D	V	K	K
R	E	O	X	A	T	P	N	S	B	B	D	I	K	M	V	Y	N	A
N	H	N	J	Q	P	T	A	G	O	W	A	J	X	L	N	X	N	E
E	C	K	P	Q	L	A	K	L	S	J	D	D	O	C	Y	R	Z	T
L	U	C	I	G	M	X	H	U	L	K	A	Z	Y	V	W	M	E	Z
H	S	O	Z	U	K	R	D	H	G	T	L	K	R	F	W	C	U	C
A	N	L	I	R	V	Z	V	O	H	T	X	A	E	T	S	R	E	H
R	D	D	P	L	L	Q	T	J	I	L	R	U	N	T	R	I	O	E
T	H	H	N	K	P	E	J	I	V	Y	M	M	T	G	G	E	B	N
S	S	P	G	S	X	A	B	K	M	L	M	J	C	B	X	Z	G	W
N	H	Y	O	P	Y	F	A	E	K	U	K	Z	Z	G	N	I	R	R
E	F	W	N	H	B	P	D	R	N	F	X	B	I	S	F	A	V	U
N	J	L	G	M	O	P	V	X	K	C	R	L	B	E	J	A	A	R
N	B	Y	L	L	Y	B	H	E	V	M	Y	E	B	X	A	Z	Z	M
O	P	N	Q	E	Z	X	R	L	Q	B	J	I	I	G	B	C	A	M
S	O	X	A	U	D	V	O	V	C	V	G	X	T	E	O	V	F	L

X	K	X	A	F	L	G	O	K	A	B	J	P	W	Z	V	U	C	V
O	Z	F	S	N	J	M	S	R	N	B	E	S	Y	I	T	W	L	F
V	A	D	L	J	F	V	A	T	F	E	C	J	A	D	X	A	O	R
H	Y	G	X	I	Z	U	X	R	H	S	W	U	H	A	G	K	Y	L
V	T	P	Z	I	T	R	O	N	E	N	F	A	L	T	E	R	N	H
M	T	J	B	Q	N	R	E	T	S	H	C	L	I	M	N	E	C	R
M	D	A	N	S	J	R	Y	U	I	G	M	S	C	A	J	I	U	C
V	S	W	Y	H	A	W	V	C	G	C	P	L	S	X	T	S	P	I
R	O	O	E	R	G	B	C	X	Z	O	X	I	R	X	Y	H	E	X
C	T	C	O	K	V	H	L	Z	N	Y	Q	S	A	R	S	E	R	W
Z	X	I	T	D	R	A	U	S	S	E	N	P	B	Y	A	I	N	K
B	X	B	Q	N	E	L	E	I	P	S	Z	S	D	A	L	L	I	C
F	R	U	E	H	L	I	N	G	S	A	B	E	N	D	L	I	Q	L
R	L	O	E	U	X	B	N	A	Y	A	S	L	F	A	S	G	Y	B
F	P	O	P	W	G	R	M	S	P	R	H	J	U	N	A	E	G	J
A	C	S	J	U	E	W	X	P	E	B	N	N	Q	Q	B	H	J	D
P	T	C	T	A	L	E	N	I	F	K	E	G	A	U	C	D	U	M
E	I	E	P	I	C	K	N	I	C	K	T	R	Z	V	S	J	I	E
J	B	W	I	Z	B	L	V	A	M	N	X	E	A	Q	K	Q	J	T
N	X	H	O	M	N	Y	C	H	M	J	S	Y	N	U	L	F	G	Q
G	L	A	C	B	O	K	P	E	L	F	S	R	B	B	P	A	R	E
D	K	Y	R	B	H	Q	R	F	U	B	D	M	I	C	M	E	K	K
T	F	U	D	N	E	H	C	L	I	E	V	M	E	M	I	C	B	U
M	W	K	F	A	U	T	Q	Y	Y	D	P	X	Z	U	P	C	V	O

DRAUSSEN SPIELEN
FRUEHLINGSABEND
ZITRONENFALTER
VEILCHENDUFT
MILCHSTERN

GUTE LAUNE
EISHEILIGE
PICKNICK
INSEKTEN
RAUPE

Lösung

X K X A F L G O K A B J P W Z V U C V
O Z F S N J M S R N B E S Y I T W L F
V A D L J F V A T F E C J A D X A O R
H Y G X I Z U X R H S W U H A G K Y L
V T P Z I T R O N E N F A L T E R N H
M T J B Q N R E T S H C L I M N E C R
M D A N S J R Y U I G M S C A J I U C
V S W Y H A W V C G C P L S X T S P I
R O O E R G B C X Z O X I R X Y H E X
C T C O K V H L Z N Y Q S A R S E R W
Z X I T D R A U S S E N P B Y A I N K
B X B Q N E L E I P S Z S D A L L I C
F R U E H L I N G S A B E N D L I Q L
R L O E U X B N A Y A S L F A S G Y B
F P O P W G R M S P R H J U N A E G J
A C S J U E W X P E B N N Q Q B H J D
P T C T A L E N I F K E G A U C D U M
E I E P I C K N I C K T R Z V S J I E
J B W I Z B L V A M N X E A Q K Q J T
N X H O M N Y C H M J S Y N U L F G Q
G L A C B O K P E L F S R B B P A R E
D K Y R B H Q R F U B D M I C M E K K
T F U D N E H C L I E V M E M I C B U
M W K F A U T Q Y Y D P X Z U P C V O

N A Z Y N W W J N J X D O X M H F X I
E B L U H B T B V Z C E S G Q M U K U
H Q D U Q N I T U N I T T T M X Q Z R
C D A T Q V E K T J S E E M W F P Z W
M N O L L W Z Q A L Z U R T G J F W C
E W S R Q M N B Y A N L N H X Z I A V
U G A S V Q E E B D V B E D Q V N T L
L C V V F V T I V B E S S H H N G M M
B Q B H V O S Q H Z T G T X T Q S K D
E P U G R J A U K O C N C R Z E T L L
S Q U F X Y F W A V F I D J A Y R K S
N R O Q R J D C L L A L G R I O O U S
E W P H I O W I P T X H U T D C S O T
A N K E X Y S U Y P G E R F H M E E P
G Y Z B S M F C V X T U M K C W R G Y
I O W Y K E E K H Q L R P F Y P I S M
N G U G X W Y E I K V F N B N I A E F
O R Y I G H U N V Q O T E B P X M U N
R E T T E W L I R P A N N R Z G Y S S
M R W T S E N L E G O V Z M V Q A P D
Z M G M A I B A U M S T C E K F B C E
K F G P R W F K D C J C I O R D G P Z
F R U E H L I N G S P R A C H T R C N
I X K A U X M I L R H V B P I X S R Z

GAENSEBLUEMCHEN
FRUEHLINGSPRACHT
FRUEHLINGSBLUETE
FROSCHKONZERT
APRILWETTER

PFINGSTROSE
FASTENZEIT
VOGELNEST
OSTERNEST
MAIBAUM

Lösung

N A Z Y N W W J N J X D O X M H F X I
E B L U H B T B V Z C E S G Q M U K U
H Q D U Q N I T U N I T T T M X Q Z R
C D A T Q V E K T J S E E M W F P Z W
M N O L L W Z Q A L Z U R T G J F W C
E W S R Q M N B Y A N L N H X Z I A V
U G A S V Q E E B D V B E D Q V N T L
L C V V F V T I V B E S S H H N G M M
B Q B H V O S Q H Z T G T X T Q S K D
E P U G R J A U K O C N C R Z E T L L
S Q U F X Y F W A V F I D J A Y R K S
N R O Q R J D C L L A L G R I O O U S
E W P H I O W I P T X H U T D C S O T
A N K E X Y S U Y P G E R F H M E E P
G Y Z B S M F C V X T U M K C W R G Y
I O W Y K E E K H Q L R P F Y P I S M
N G U G X W Y E I K V F N B N I A E F
O R Y I G H U N V Q O T E B P X M U N
R E T T E W L I R P A N N R Z G Y S S
M R W T S E N L E G O V Z M V Q A P D
Z M G M A I B A U M S T C E K F B C E
K F G P R W F K D C J C I O R D G P Z
F R U E H L I N G S P R A C H T R C N
I X K A U X M I L R H V B P I X S R Z

L	C	R	Q	W	Y	Y	M	H	T	D	N	G	U	H	U	T	I	T
A	J	D	W	J	Q	C	J	M	S	P	A	O	Z	S	B	F	F	F
F	S	V	N	W	N	R	E	L	H	T	C	W	D	J	X	U	Q	V
C	S	M	C	M	N	C	Q	W	V	M	S	U	C	R	X	D	P	U
T	Z	V	U	H	C	L	U	T	N	G	A	H	N	D	T	S	F	T
D	W	V	M	L	P	B	B	X	R	I	P	A	E	Y	F	G	F	G
S	I	Q	L	B	F	S	R	W	E	N	B	I	M	F	A	N	K	S
N	N	W	O	N	L	B	Q	E	T	H	F	K	U	G	H	I	R	O
N	T	D	K	O	A	P	N	I	L	Z	I	F	L	R	S	L	R	Q
Q	E	D	X	Z	N	B	D	E	A	S	G	U	B	U	G	H	D	X
Y	R	P	R	X	Z	R	P	F	F	Y	V	I	L	F	N	E	S	Z
U	L	Q	K	M	E	T	M	U	F	T	Y	M	E	R	I	U	T	O
W	I	D	N	N	N	E	D	C	P	E	B	P	S	U	L	R	W	S
R	N	A	K	R	O	K	U	S	O	Y	E	S	S	E	H	F	D	A
N	G	F	H	M	R	V	L	U	K	O	J	C	E	H	E	Q	D	O
E	R	B	J	O	D	R	P	D	K	N	J	J	U	L	U	Q	U	T
V	E	Y	X	X	I	K	I	V	C	E	F	G	L	I	R	N	V	M
L	D	X	F	T	L	L	H	K	I	F	D	B	H	N	F	E	X	V
J	J	H	J	J	C	W	U	A	D	W	B	N	C	G	A	I	H	F
R	Q	X	A	I	A	O	S	G	R	U	E	N	S	S	M	R	G	D
H	P	E	O	X	X	Q	N	V	L	B	O	A	Y	B	N	E	O	A
N	T	Q	X	G	C	T	O	M	U	Q	A	K	S	O	O	F	Z	V
J	H	C	K	J	R	I	C	C	W	I	B	M	U	T	E	T	Z	A
J	M	T	I	P	H	O	X	F	F	G	S	O	I	E	S	H	J	M

SCHLUESSELBLUMEN
FRUEHLINGSDUFT
FRUEHLINGSBOTE
FRUEHLINGSHAFT
DICKKOPFFALTER
WINTERLING
PFLANZEN
FERIEN
KROKUS
GRUEN

Lösung

L C R Q W Y Y M H T D N G U H U T I T
A J D W J Q C J M S P A O Z S B F F F
F S V N W N R E L H T C W D J X U Q V
C S M C M N C Q W V M S U C R X D P U
T Z V U H C L U T N G A H N D T S F T
D W V M L P B B X R I P A E Y F G F G
S I Q L B F S R W E N B I M F A N K S
N N W O N L B Q E T H F K U G H I R O
N T D K O A P N I L Z I F L R S L R Q
Q E D X Z N B D E A S G U B U G H D X
Y R P R X Z R P F F Y V I L F N E S Z
U L Q K M E T M U F T Y M E R I U T O
W I D N N N E D C P E B P S U L R W S
R N A K R O K U S O Y E S S E H F D A
N G F H M R V L U K O J C E H E Q D O
E R B J O D R P D K N J J U L U Q U T
V E Y X X I K I V C E F G L I R N V M
L D X F T L L H K I F D B H N F E X V
J J H J J C W U A D W B N C G A I H F
R Q X A I A O S G R U E N S S M R G D
H P E O X X Q N V L B O A Y B N E O A
N T Q X G C T O M U Q A K S O O F Z V
J H C K J R I C C W I B M U T E T Z A
J M T I P H O X F F G S O I E S H J M

D	B	X	K	U	N	Q	L	J	Y	Q	W	O	J	Y	P	W	H	U
R	X	Z	G	A	Z	M	K	K	R	S	W	S	R	U	Z	U	P	O
B	F	B	B	W	H	H	T	P	Z	F	M	F	O	L	K	A	H	S
E	Z	G	W	Y	K	H	I	C	C	R	F	U	C	Q	P	P	V	U
G	H	D	H	Q	E	X	T	E	Q	U	R	G	L	Y	N	S	T	F
E	X	W	T	N	J	A	M	I	P	E	U	Z	P	G	E	U	J	K
L	M	C	D	M	I	N	H	N	H	H	E	F	H	I	U	M	V	S
F	F	I	P	W	B	X	N	D	B	L	H	R	D	N	R	F	Q	M
P	G	B	G	F	Z	Z	F	U	A	I	L	U	S	E	G	R	N	B
N	E	N	W	B	L	I	A	L	X	N	I	E	C	L	S	U	S	L
E	Q	H	N	Q	L	M	A	U	N	G	N	H	H	H	G	E	K	H
T	C	V	T	T	L	Z	D	D	D	S	G	L	N	A	N	H	C	L
R	I	F	Q	N	C	B	Y	B	W	L	S	I	E	R	I	L	S	J
A	V	E	T	M	I	T	I	D	H	U	D	N	E	T	L	I	N	G
G	Y	W	X	E	S	Z	T	W	G	F	E	G	G	S	H	N	V	T
E	Y	I	H	F	P	O	A	G	T	T	K	S	L	N	E	G	Y	V
A	T	D	H	O	N	S	S	Y	K	U	O	A	O	E	U	S	L	T
U	Z	B	N	G	C	K	O	Q	H	Q	R	H	E	N	R	F	Z	V
Q	T	O	J	D	Q	Q	W	N	N	N	A	N	C	N	F	E	C	M
F	Y	V	P	N	J	T	G	G	K	P	T	U	K	O	V	S	G	S
O	W	Z	Y	T	O	J	Q	N	D	D	I	N	C	S	C	T	B	A
Q	G	W	C	U	U	S	J	I	Q	L	O	G	H	X	H	E	Z	N
X	H	H	F	P	T	E	T	H	W	L	N	M	E	R	Y	T	S	I
J	O	R	G	G	O	K	E	W	V	X	V	W	N	D	A	P	E	I

FRUEHLINGSDEKORATION
FRUEHLINGSAHNUNG
SCHNEEGLOECKCHEN
FRUEHLINGSGRUEN
SONNENSTRAHLEN
FRUEHLINGSLUFT
FRUEHLINGSFEST
GARTENPFLEGE
HYAZINTHE
KNOSPE

Lösung

D B X K U N Q L J Y Q W O J Y P W H U
R X Z G A Z M K K R S W S R U Z U P O
B F B B W H H T P Z F M F O L K A H S
E Z G W Y K H I C C R F U C Q P P V U
G H D H Q E X T E Q U R G L Y N S T F
E X W T N J A M I P E U Z P G E U J K
L M C D M I N H N H H E F H I U M V S
F F I P W B X N D B L H R D N R F Q M
P G B G F Z Z F U A I L U S E G R N B
N E N W B L I A L X N I E C L S U S L
E Q H N Q L M A U N G N H H H G E K H
T C V T T L Z D D D S G L N A N H C L
R I F Q N C B Y B W L S I E R I L S J
A V E T M I T I D H U D N E T L I N G
G Y W X E S Z T W G F E G G S H N V T
E Y I H F P O A G T T K S L N E G Y V
A T D H O N S S Y K U O A O E U S L T
U Z B N G C K O Q H Q R H E N R F Z V
Q T O J D Q Q W N N N A N C N F E C M
F Y V P N J T G G K P T U K O V S G S
O W Z Y T O J Q N D D I N C S C T B A
Q G W C U U S J I Q L O G H X H E Z N
X H H F P T E T H W L N M E R Y T S I
J O R G G O K E W V X V W N D A P E I

V	Y	R	V	O	G	E	L	G	E	Z	W	I	T	S	C	H	E	R
T	Y	M	R	D	U	R	U	W	Q	H	W	X	Q	K	X	W	N	U
B	C	Z	Q	G	M	I	Q	U	F	M	K	G	A	F	H	Q	N	M
M	K	V	O	E	D	R	B	A	A	P	F	P	S	R	E	O	O	C
M	C	I	E	Q	V	Z	U	P	I	N	L	F	A	U	S	X	W	A
M	U	T	T	E	R	T	A	G	V	B	Z	P	S	E	C	V	S	F
C	L	O	R	S	I	H	A	S	B	V	U	L	H	H	H	X	G	B
G	Y	D	R	J	S	Z	W	U	F	S	H	E	G	L	O	D	N	R
P	T	V	I	E	U	K	S	J	T	S	U	U	T	I	K	N	I	A
P	V	R	A	M	A	W	V	E	Q	S	Y	O	J	N	O	E	L	I
N	Q	S	X	K	O	X	B	W	C	F	S	U	M	G	L	F	H	F
I	Y	G	K	R	D	L	R	H	O	S	N	C	P	S	A	R	E	A
H	Y	A	L	B	U	P	N	A	T	G	R	I	W	G	D	U	U	N
H	W	B	M	M	B	U	D	Z	T	O	S	Q	C	E	E	E	R	X
W	C	Q	E	E	P	B	I	I	M	K	W	X	K	F	N	H	F	V
Z	N	D	S	F	U	N	E	P	S	N	V	X	B	U	H	L	F	C
J	N	T	E	U	L	R	F	Z	L	G	S	F	E	E	A	I	D	U
R	Z	N	S	J	E	V	F	I	O	Q	E	H	B	H	S	N	Y	Y
H	N	W	Y	Q	Q	F	H	D	G	O	T	H	C	L	E	G	N	E
Q	P	O	S	O	F	B	H	K	C	S	Z	D	J	K	B	S	H	L
K	J	C	L	P	X	F	H	O	I	V	F	Y	M	G	L	R	S	U
G	C	S	I	U	T	Y	S	S	A	W	J	I	G	D	L	U	F	U
E	E	M	U	L	B	L	E	S	S	E	U	L	H	C	S	H	J	Y
A	V	Y	W	H	T	F	L	E	D	H	N	B	Z	E	P	E	D	P

10

FRUEHLINGSGEFUEHL
FRUEHLINGSRUHE
VOGELGEZWITSCHER
HEUSCHNUPFEN
FRUEHLINGSWONNE
PUSTEBLUME
SCHOKOLADENHASE
JUNGTIERE
SCHLUESSELBLUME
MUTTERTAG

Lösung

V	Y	R	V	O	G	E	L	G	E	Z	W	I	T	S	C	H	E	R
T	Y	M	R	D	U	R	U	W	Q	H	W	X	Q	K	X	W	N	U
B	C	Z	Q	G	M	I	Q	U	F	M	K	G	A	F	H	Q	N	M
M	K	V	O	E	D	R	B	A	A	P	F	P	S	R	E	O	O	C
M	C	I	E	Q	V	Z	U	P	I	N	L	F	A	U	S	X	W	A
M	U	T	T	E	R	T	A	G	V	B	Z	P	S	E	C	V	S	F
C	L	O	R	S	I	H	A	S	B	V	U	L	H	H	H	X	G	B
G	Y	D	R	J	S	Z	W	U	F	S	H	E	G	L	O	D	N	R
P	T	V	I	E	U	K	S	J	T	S	U	U	T	I	K	N	I	A
P	V	R	A	M	A	W	V	E	Q	S	Y	O	J	N	O	E	L	I
N	Q	S	X	K	O	X	B	W	C	F	S	U	M	G	L	F	H	F
I	Y	G	K	R	D	L	R	H	O	S	N	C	P	S	A	R	E	A
H	Y	A	L	B	U	P	N	A	T	G	R	I	W	G	D	U	U	N
H	W	B	M	M	B	U	D	Z	T	O	S	Q	C	E	E	E	R	X
W	C	Q	E	E	P	B	I	I	M	K	W	X	K	F	N	H	F	V
Z	N	D	S	F	U	N	E	P	S	N	V	X	B	U	H	L	F	C
J	N	T	E	U	L	R	F	Z	L	G	S	F	E	E	A	I	D	U
R	Z	N	S	J	E	V	F	I	O	Q	E	H	B	H	S	N	Y	Y
H	N	W	Y	Q	Q	F	H	D	G	O	T	H	C	L	E	G	N	E
Q	P	O	S	O	F	B	H	K	C	S	Z	D	J	K	B	S	H	L
K	J	C	L	P	X	F	H	O	I	V	F	Y	M	G	L	R	S	U
G	C	S	I	U	T	Y	S	S	A	W	J	I	G	D	L	U	F	U
E	E	M	U	L	B	L	E	S	S	E	U	L	H	C	S	H	J	Y
A	V	Y	W	H	T	F	L	E	D	H	N	B	Z	E	P	E	D	P

Z	F	E	S	D	I	E	E	C	R	T	Q	Z	M	S	T	F	M	U
K	N	O	P	K	A	S	J	K	Y	X	Z	R	R	Q	I	W	G	X
F	S	A	J	G	U	A	U	Y	M	D	J	X	Q	L	E	Y	N	N
B	V	C	T	L	K	H	S	O	I	K	A	I	Q	F	K	X	A	D
F	M	E	O	S	D	Z	P	L	O	C	R	P	G	H	G	I	S	J
H	I	P	J	G	G	I	V	L	E	A	I	Q	W	E	I	R	E	E
U	E	N	P	X	H	N	S	E	P	B	H	T	K	K	D	E	G	H
U	R	E	G	K	Q	U	I	I	R	F	M	Y	L	E	E	I	S	Z
A	K	C	A	E	F	K	X	L	D	A	P	E	J	V	U	E	G	B
S	Z	V	U	G	R	P	N	X	H	R	J	W	D	A	M	L	N	P
L	V	B	A	I	U	H	R	P	A	E	E	X	P	V	S	H	I	A
R	Q	E	Y	N	E	A	U	A	B	Q	U	H	J	D	R	C	L	M
O	W	J	W	E	H	I	K	T	M	R	Z	R	S	B	H	S	H	X
N	R	E	I	O	L	H	U	B	X	Y	J	P	F	A	A	S	E	J
Q	O	T	Y	K	I	V	A	Z	Q	Y	K	S	C	C	J	G	U	Y
A	V	H	H	N	N	P	A	W	Y	F	O	W	S	E	H	N	R	P
W	S	C	G	U	G	E	F	J	A	D	U	S	H	D	E	I	F	Q
Q	I	I	Y	A	S	H	U	B	J	I	D	U	U	E	U	L	G	E
F	L	E	B	Z	L	M	Q	O	S	K	H	S	F	G	R	H	W	F
C	X	L	V	T	I	A	Y	R	S	C	V	P	J	E	F	E	Q	F
M	C	X	C	S	E	I	B	M	S	Z	X	O	L	Q	D	U	G	B
S	Y	X	B	S	B	H	G	T	P	Z	M	N	P	R	O	R	Q	N
Q	W	F	N	E	E	T	O	I	F	C	Q	U	W	E	C	F	U	M
V	Z	N	C	A	L	A	M	T	V	B	V	I	Q	M	T	E	I	H

11

FRUEHJAHRSMUEDIGKEIT
FRUEHLINGSSCHLEIER
FRUEHLINGSGESANG
FRUEHLINGSLIEBE
LEICHTE SCHUHE
FRUEHLINGSTANZ
ZAUNKOENIG
FINGERHUT
HASE
MAI

Lösung

Z F E S D I E E C R T Q Z M S T F M U

K N O P K A S J K Y X Z R R Q I W G X

F S A J G U A U Y M D J X Q L E Y N N

B V C T L K H S O I K A I Q F K X A D

F M E O S D Z P L O C R P G H G I S J

H I P J G G I V L E A I Q W E I R E E

U E N P X H N S E P B H T K K D E G H

U R E G K Q U I I R F M Y L E E I S Z

A K C A E F K X L D A P E J V U E G B

S Z V U G R P N X H R J W D A M L N P

L V B A I U H R P A E E X P V S H I A

R Q E Y N E A U A B Q U H J D R C L M

O W J W E H I K T M R Z R S B H S H X

N R E I O L H U B X Y J P F A A S E J

Q O T Y K I V A Z Q Y K S C C J G U Y

A V H H N N P A W Y F O W S E H N R P

W S C G U G E F J A D U S H D E I F Q

Q I I Y A S H U B J I D U U E U L G E

F L E B Z L M Q O S K H S F G R H W F

C X L V T I A Y R S C V P J E F E Q F

M C X C S E I B M S Z X O L Q D U G B

S Y X B S B H G T P Z M N P R O R Q N

Q W F N E E T O I F C Q U W E C F U M

V Z N C A L A M T V B V I Q M T E I H

P	C	M	R	J	V	M	N	C	J	B	G	W	N	Y	G	Z	J	X
J	Q	V	K	E	H	E	L	S	J	G	B	I	X	P	Z	X	O	F
N	G	H	Z	N	N	I	V	E	Z	R	C	T	E	W	I	F	T	Z
B	R	U	A	E	X	B	W	A	I	M	N	H	C	W	N	A	M	G
L	E	Y	I	U	R	Q	X	D	K	E	D	S	B	L	H	W	W	A
U	T	B	M	R	I	U	F	E	C	K	C	T	Z	M	H	M	B	H
M	T	D	T	G	X	A	S	G	O	B	Q	F	R	Y	Q	F	J	B
E	E	E	M	T	O	F	U	D	V	H	M	R	F	T	L	C	D	U
N	A	I	X	R	T	S	S	O	Q	B	J	T	U	K	Z	M	R	V
W	L	L	L	A	V	A	I	W	G	W	Z	M	R	O	B	O	V	I
I	B	S	J	Z	B	A	F	H	L	F	Z	R	C	S	T	F	E	Y
E	M	G	E	Y	O	R	I	E	Q	P	P	E	B	M	H	D	T	B
S	U	N	I	E	M	U	L	B	N	E	K	C	O	L	G	U	A	N
E	A	I	Y	E	C	M	M	G	R	I	S	K	M	D	A	P	I	R
P	B	L	E	X	P	C	Z	T	I	H	C	S	S	R	O	X	D	T
E	M	H	S	G	A	N	M	J	J	E	X	Y	K	L	M	M	O	R
C	P	E	R	Q	H	K	S	D	Y	F	S	N	D	P	A	L	H	B
T	L	U	G	P	G	S	J	U	G	Q	E	S	E	Y	R	M	Y	M
U	K	R	H	F	V	X	W	D	U	G	Z	J	K	N	E	A	M	X
A	T	F	J	R	H	X	F	R	N	X	A	P	O	A	F	D	D	Z
F	A	J	T	Y	I	B	Y	U	E	F	T	F	V	R	N	O	V	M
W	F	Q	M	J	G	U	L	W	M	Q	Y	Y	E	J	T	N	G	D
G	R	M	Q	K	A	U	P	M	B	Y	Q	K	T	Y	L	P	E	W
S	F	R	U	E	H	L	I	N	G	S	E	R	W	A	C	H	E	N

12

ZARTGRUENE BAUMBLAETTER
FRUEHLINGSERWACHEN
FRUEHLINGSLIED
GLOCKENBLUME
BLUMENWIESE

LUNGENKRAUT
GIESSKANNE
RADTOUR
BIENEN
LAMM

Lösung

P C M R J V M N C J B G W N Y G Z J X

J Q V K E H E L S J G B I X P Z X O F

N G H Z N N I V E Z R C T E W I F T Z

B R U A E X B W A I M N H C W N A M G

L E Y I U R Q X D K E D S B L H W W A

U T B M R I U F E C K C T Z M H M B H

M T D T G X A S G O B Q F R Y Q F J B

E E E M T O F U D V H M R F T L C D U

N A I X R T S S O Q B J T U K Z M R V

W L L L A V A I W G W Z M R O B O V I

I B S J Z B A F H L F Z R C S T F E Y

E M G E Y O R I E Q P P E B M H D T B

S U N I E M U L B N E K C O L G U A N

E A I Y E C M M G R I S K M D A P I R

P B L E X P C Z T I H C S S R O X D T

E M H S G A N M J J E X Y K L M M O R

C P E R Q H K S D Y F S N D P A L H B

T L U G P G S J U G Q E S E Y R M Y M

U K R H F V X W D U G Z J K N E A M X

A T F J R H X F R N X A P O A F D D Z

F A J T Y I B Y U E F T F V R N O V M

W F Q M J G U L W M Q Y Y E J T N G D

G R M Q K A U P M B Y Q K T Y L P E W

S F R U E H L I N G S E R W A C H E N

F G A H F X C B T X V O F B G P K T H
Y A M B W X L E Q G I E S S E N P A C
U L N Y K U J N I Q Y M B G E O M U U
M T F R U E H L I N G S S E G E N T A
A I R Y U I U P M E U P L J M G M R H
E K L I P T M T I S U A B Q R H T O S
R C R M H V E J J F H S J B I T E P G
Z J U H M S R Z Q R I R V C H K X F N
B Y Z Q X T T W N U O R V W C N A E I
C P N E G A R T L E Z S D R S A Q N L
U X S U O H C R Y H G I I E N W X C H
K M C V F C N D Z L U I H F E G X S E
A F J Y P K M P F I Q K L E G V X B U
W Z M I Z V T Q L N V Y K A E J Z C R
C N W K A P M U D G U V B K R V D W F
W D N D Y X Q E O S V U Z N F O I E P
A E L L I T S S G N I L H E U R F X S
C I Q O Q H R D O A H H R I O N K I V
K Y S L V I U Z O C F S T R P K K H R
D S X M X N Q L I H W T Q A Y C W O A
K C Y W J J Q P U T U G H M I O Y J J
M W T S H A Z O B T M C T H H I Y J F
O O L T U D B N A D T Z N M R B U K G
M S R Z M R R L N Y Y V Y Z W A O C S

13

FRUEHLINGSHAUCH
FRUEHLINGSNACHT
FRUEHLINGSSEGEN
FRUEHLINGSSTILLE
TSHIRT TRAGEN
MARIENKAEFER
REGENSCHIRM
TAUTROPFEN
GIESSEN
MAERZ

Lösung

F G A H F X C B T X V O F B G P K T H

Y A M B W X L E Q G I E S S E N P A C

U L N Y K U J N I Q Y M B G E O M U U

M T F R U E H L I N G S S E G E N T A

A I R Y U I U P M E U P L J M G M R H

E K L I P T M T I S U A B Q R H T O S

R C R M H V E J J F H S J B I T E P G

Z J U H M S R Z Q R I R V C H K X F N

B Y Z Q X T T W N U O R V W C N A E I

C P N E G A R T L E Z S D R S A Q N L

U X S U O H C R Y H G I I E N W X C H

K M C V F C N D Z L U I H F E G X S E

A F J Y P K M P F I Q K L E G V X B U

W Z M I Z V T Q L N V Y K A E J Z C R

C N W K A P M U D G U V B K R V D W F

W D N D Y X Q E O S V U Z N F O I E P

A E L L I T S S G N I L H E U R F X S

C I Q O Q H R D O A H H R I O N K I V

K Y S L V I U Z O C F S T R P K K H R

D S X M X N Q L I H W T Q A Y C W O A

K C Y W J J Q P U T U G H M I O Y J J

M W T S H A Z O B T M C T H H I Y J F

O O L T U D B N A D T Z N M R B U K G

M S R Z M R R L N Y Y V Y Z W A O C S

N	Z	P	B	J	M	W	W	R	V	F	S	Y	K	N	A	Q	G	N
L	V	C	E	I	U	Y	G	O	X	V	W	C	P	P	L	K	N	S
E	F	R	U	E	H	L	I	N	G	S	K	L	E	I	D	L	A	L
H	C	Q	L	H	G	U	F	M	F	V	E	S	E	Z	Q	A	F	B
C	I	J	R	W	Y	U	X	H	W	A	B	N	E	H	M	E	N	R
E	C	R	X	S	Z	J	I	S	D	B	M	K	S	V	F	V	A	S
A	Z	B	V	G	C	A	Z	D	F	E	R	D	Q	P	R	E	S	P
L	C	A	Y	W	U	P	I	O	B	Q	C	G	W	A	U	I	G	L
S	V	O	Z	K	G	X	A	S	T	G	N	D	P	E	E	L	N	M
G	B	N	R	O	T	A	K	L	N	B	G	C	F	C	H	C	I	Q
N	A	Y	E	R	Y	T	U	L	E	K	I	D	I	E	L	H	L	Z
I	B	S	H	O	J	H	E	D	G	Y	G	R	N	F	I	E	H	F
L	U	Y	C	S	V	P	M	B	E	Z	L	U	G	H	N	N	E	Z
H	K	O	S	H	X	W	T	Z	R	C	I	W	S	X	G	J	U	W
E	M	R	L	J	W	U	Z	O	S	Z	J	N	T	L	S	C	R	R
U	C	E	I	X	I	V	A	I	G	Q	P	L	E	X	S	J	F	L
R	Y	L	R	K	J	M	I	U	N	P	A	V	N	S	T	O	U	G
F	H	J	P	G	O	S	B	F	I	E	Y	J	K	R	I	N	B	Q
L	H	U	A	C	J	K	D	V	L	Q	D	R	L	O	M	J	F	F
Y	R	A	J	X	F	N	H	C	H	C	R	A	F	R	M	W	K	A
Z	G	N	C	B	L	U	E	T	E	N	M	E	E	R	U	G	S	V
S	S	G	B	J	D	E	W	Q	U	A	J	N	S	E	N	N	K	Q
I	C	L	L	I	P	V	R	P	R	D	C	Q	C	X	G	B	O	V
V	W	Q	U	P	P	Q	T	R	F	R	J	D	X	C	T	B	F	I

14

FRUEHLINGSSTIMMUNG
FRUEHLINGSLAECHELN
FRUEHLINGSANFANG
FRUEHLINGSREGEN
FRUEHLINGSKLEID

BLUETENMEER
APRILSCHERZ
ABNEHMEN
PFINGSTEN
VEILCHEN

Lösung

N Z P B J M W W R V F S Y K N A Q G N
L V C E I U Y G O X V W C P P L K N S
E F R U E H L I N G S K L E I D L A L
H C Q L H G U F M F V E S E Z Q A F B
C I J R W Y U X H W A B N E H M E N R
E C R X S Z J I S D B M K S V F V A S
A Z B V G C A Z D F E R D Q P R E S P
L C A Y W U P I O B Q C G W A U I G L
S V O Z K G X A S T G N D P E E L N M
G B N R O T A K L N B G C F C H C I Q
N A Y E R Y T U L E K I D I E L H L Z
I B S H O J H E D G Y G R N F I E H F
L U Y C S V P M B E Z L U G H N N E Z
H K O S H X W T Z R C I W S X G J U W
E M R L J W U Z O S Z J N T L S C R R
U C E I X I V A I G Q P L E X S J F L
R Y L R K J M I U N P A V N S T O U G
F H J P G O S B F I E Y J K R I N B Q
L H U A C J K D V L Q D R L O M J F F
Y R A J X F N H C H C R A F R M W K A
Z G N C B L U E T E N M E E R U G S V
S S G B J D E W Q U A J N S E N N K Q
I C L L I P V R P R D C Q C X G B O V
V W Q U P P Q T R F R J D X C T B F I

K	A	U	L	Q	U	A	P	P	E	N	U	B	K	F	I	S	C	S
T	U	W	S	Z	P	D	O	E	M	S	Y	Y	J	F	B	E	T	C
H	F	O	B	W	D	D	X	X	B	T	K	J	W	F	E	O	M	C
O	B	C	V	G	E	P	T	A	U	B	V	N	S	Z	K	K	A	S
O	L	V	X	S	T	X	R	Z	H	V	Z	M	R	C	P	F	I	B
K	U	R	D	I	E	K	L	E	E	B	L	A	T	T	Z	R	I	X
Y	E	X	X	L	N	Z	W	P	B	P	K	K	S	J	Y	U	V	V
M	H	Y	H	E	H	A	N	J	I	O	U	H	C	E	Z	E	N	E
B	E	H	D	X	O	Y	W	A	L	M	Z	T	S	W	V	H	E	V
J	N	Z	X	X	F	Q	K	L	E	T	Q	U	B	N	T	L	H	K
A	L	X	U	L	I	Q	D	A	Q	P	I	I	N	Y	Y	I	C	O
Q	A	F	Q	A	S	A	H	S	O	Z	P	U	M	T	Q	N	K	I
T	D	N	T	J	J	N	C	Y	C	P	K	K	R	O	S	G	C	S
L	T	X	L	X	X	D	H	G	K	K	A	Y	A	K	N	S	E	I
P	D	X	H	G	F	H	W	K	I	C	K	Z	Y	A	K	G	O	X
E	I	Y	G	E	X	G	J	C	Z	J	S	Y	Q	Z	J	E	L	Z
F	R	U	E	H	L	I	N	G	S	M	O	R	G	E	N	D	G	Z
I	M	B	E	T	Z	Z	M	N	V	C	N	R	M	D	P	I	I	H
G	O	C	H	C	N	E	S	S	I	Z	R	A	N	P	B	C	A	V
H	N	G	F	C	T	Z	J	F	W	T	K	Q	D	J	P	H	M	H
E	F	O	R	G	X	G	I	A	Y	K	N	Z	O	I	B	T	Z	C
T	A	X	F	K	F	R	U	E	H	L	I	N	G	S	W	I	N	D
N	R	Z	Y	R	E	T	T	E	W	U	A	T	R	O	I	T	Y	S
V	X	P	N	S	S	I	R	I	G	R	E	W	Z	G	L	B	V	C

15

FRUEHLINGSMORGEN
FRUEHLINGSGEDICHT
FRUEHLINGSWIND
MAIGLOECKCHEN
KAULQUAPPEN

AUFBLUEHEN
TAUWETTER
ZWERGIRIS
NARZISSEN
KLEEBLATT

Lösung

K A U L Q U A P P E N U B K F I S C S
T U W S Z P D O E M S Y Y J F B E T C
H F O B W D D X X B T K J W F E O M C
O B C V G E P T A U B V N S Z K K A S
O L V X S T X R Z H V Z M R C P F I B
K U R D I E K L E E B L A T T Z R I X
Y E X X L N Z W P B P K K S J Y U V V
M H Y H E H A N J I O U H C E Z E N E
B E H D X O Y W A L M Z T S W V H E V
J N Z X X F Q K L E T Q U B N T L H K
A L X U L I Q D A Q P I I N Y Y I C O
Q A F Q A S A H S O Z P U M T Q N K I
T D N T J J N C Y C P K K R O S G C S
L T X L X X D H G K K A Y A K N S E I
P D X H G F H W K I C K Z Y A K G O X
E I Y G E X G J C Z J S Y Q Z J E L Z
F R U E H L I N G S M O R G E N D G Z
I M B E T Z Z M N V C N R M D P I I H
G O C H C N E S S I Z R A N P B C A V
H N G F C T Z J F W T K Q D J P H M H
E F O R G X G I A Y K N Z O I B T Z C
T A X F K F R U E H L I N G S W I N D
N R Z Y R E T T E W U A T R O I T Y S
V X P N S S I R I G R E W Z G L B V C

Z T E D Y L X N O N P N O Z E E U Z P
N V X S A S W F I M R R Z V G V L Q W
A D I Y J K Q E K C O L G R E T S O K
L N X T Y F R U E H B L U E H E R A D
G X Z I L R M C Y W P I G S D B W K R
S L Y P B C D H V R G S U S Z Q I R Z
G L K V T L U Q E S O C L R F K R O Y
N S X E I N D W I R S H F C R Y O E R
I K A R G C C U K K O M S H U I S T E
L V U L O G J T W X S E U V E H U E E
H V Z I Z V O H O V Y T A N H O B N O
E X K E D N P D X E T T S E L Y Z W S
U S B B I Q Y J M Y Q E G S I Z W A Q
R L N T H G E D P Z A R N S N U J N C
F R N M J V Q Y V X L I U G B X D N
R C I S E H S N P T O I L A S Q Q E F
N L L E J O X P Y O Y N H R W W Z R A
D U I I Y R D P E C C G E D A P H U L
C P U N E F X Q O E S M U J E C J N N
M Y T I R G W L I U Y L R O R V M G J
N M W Q Y J U B L G F F F V M Q W A Y
N F M D N U X O I J W Z F N E Z T I S
P A W E G A T R E I E F I G Q H E M A
V D V H D G X Q H A Z H N W M I M M B

16

DRAUSSEN SITZEN
FRUEHLINGSGLANZ
FRUEHLINGSWAERME
FRUEHLINGSAUSFLUG
KROETENWANDERUNG
SCHMETTERLING
FRUEHBLUEHER
VERLIEBT SEIN
OSTERGLOCKE
FEIERTAGE

Lösung

Z T E D Y L X N O N P N O Z E E U Z P
N V X S A S W F I M R R Z V G V L Q W
A D I Y J K Q E K C O L G R E T S O K
L N X T Y F R U E H B L U E H E R A D
G X Z I L R M C Y W P I G S D B W K R
S L Y P B C D H V R G S U S Z Q I R Z
G L K V T L U Q E S O C L R F K R O Y
N S X E I N D W I R S H F C R Y O E R
I K A R G C C U K K O M S H U I S T E
L V U L O G J T W X S E U V E H U E E
H V Z I Z V O H O V Y T A N H O B N O
E X K E D N P D X E T T S E L Y Z W S
U S B B I Q Y J M Y Q E G S I Z W A Q
R L N T H G E D P Z A R N S N U J N C
F R N   M J V Q Y V X L I U G B X D N
R C I S E H S N P T O I L A S Q Q E F
N L L E J O X P Y O Y N H R W W Z R A
D U I I Y R D P E C C G E D A P H U L
C P U N E F X Q O E S M U J E C J N N
M Y T I R G W L I U Y L R O R V M G J
N M W Q Y J U B L G F F F V M Q W A Y
N F M D N U X O I J W Z F N E Z T I S
P A W E G A T R E I E F I G Q H E M A
V D V H D G X Q H A Z H N W M I M M B

S	P	A	Z	I	E	R	G	A	N	G	W	U	T	H	V	Y	W	L
H	H	X	E	K	R	C	X	I	B	E	K	A	U	F	X	L	E	O
R	C	Z	L	Z	X	Y	J	L	R	O	I	B	N	C	L	E	R	Q
M	O	I	Z	X	I	Z	R	N	W	Q	X	L	Q	E	H	X	C	D
X	R	X	P	G	U	Y	G	C	I	R	I	Z	Z	N	T	A	X	H
C	P	E	N	P	O	G	G	V	Y	Q	F	N	W	Z	Q	B	B	L
Z	R	T	D	R	E	E	F	L	A	N	I	E	R	E	N	C	S	D
G	B	P	D	N	N	T	L	E	I	X	N	F	R	S	P	Q	X	S
R	M	I	O	Q	I	U	N	N	B	O	V	U	G	U	H	K	A	B
S	R	H	N	L	B	K	B	E	J	R	N	N	N	S	F	A	Y	N
D	B	D	K	X	J	G	L	B	T	Q	G	E	Z	U	K	M	O	I
P	X	W	F	D	C	N	H	E	N	E	O	B	R	D	P	P	A	W
H	C	X	X	H	L	Y	W	I	S	K	U	K	W	H	H	D	U	F
K	U	R	S	Q	W	S	Y	L	E	M	X	L	Y	Z	A	X	H	C
B	U	H	J	P	Y	C	A	R	B	W	A	J	B	Y	L	F	R	J
S	B	S	U	M	T	H	F	E	L	Q	G	O	H	A	C	H	Y	K
Y	Z	E	E	W	B	N	A	V	A	H	Z	C	Y	U	L	A	U	K
R	V	T	A	Q	L	E	H	T	W	N	I	C	I	P	Q	L	U	W
D	D	E	P	F	R	C	R	H	H	S	G	E	C	Q	M	H	H	M
F	E	N	R	D	G	K	R	H	C	P	I	C	Y	L	C	S	G	S
V	U	J	I	I	X	E	A	Z	S	Q	F	L	W	D	M	P	F	C
T	D	D	L	F	W	D	D	X	C	L	K	Y	I	O	H	N	C	G
V	L	D	T	I	O	S	Y	U	G	U	W	W	P	Z	C	T	I	C
J	F	R	U	E	H	L	I	N	G	S	S	O	N	N	E	U	D	B

17

FRUEHLINGSSONNE
FAHRRAD FAHREN
BLUETENTEPPICH
SICH VERLIEBEN
SPAZIERGANG

AMSELKINDER
FLANIEREN
SCHWALBE
SCHNECKE
APRIL

Lösung

S	P	A	Z	I	E	R	G	A	N	G	W	U	T	H	V	Y	W	L
H	H	X	E	K	R	C	X	I	B	E	K	A	U	F	X	L	E	O
R	C	Z	L	Z	X	Y	J	L	R	O	I	B	N	C	L	E	R	Q
M	O	I	Z	X	I	Z	R	N	W	Q	X	L	Q	E	H	X	C	D
X	R	X	P	G	U	Y	G	C	I	R	I	Z	Z	N	T	A	X	H
C	P	E	N	P	O	G	G	V	Y	Q	F	N	W	Z	Q	B	B	L
Z	R	T	D	R	E	E	F	L	A	N	I	E	R	E	N	C	S	D
G	B	P	D	N	N	T	L	E	I	X	N	F	R	S	P	Q	X	S
R	M	I	O	Q	I	U	N	N	B	O	V	U	G	U	H	K	A	B
S	R	H	N	L	B	K	B	E	J	R	N	N	N	S	F	A	Y	N
D	B	D	K	X	J	G	L	B	T	Q	G	E	Z	U	K	M	O	I
P	X	W	F	D	C	N	H	E	N	E	O	B	R	D	P	P	A	W
H	C	X	X	H	L	Y	W	I	S	K	U	K	W	H	H	D	U	F
K	U	R	S	Q	W	S	Y	L	E	M	X	L	Y	Z	A	X	H	C
B	U	H	J	P	Y	C	A	R	B	W	A	J	B	Y	L	F	R	J
S	B	S	U	M	T	H	F	E	L	Q	G	O	H	A	C	H	Y	K
Y	Z	E	E	W	B	N	A	V	A	H	Z	C	Y	U	L	A	U	K
R	V	T	A	Q	L	E	H	T	W	N	I	C	I	P	Q	L	U	W
D	D	E	P	F	R	C	R	H	H	S	G	E	C	Q	M	H	H	M
F	E	N	R	D	G	K	R	H	C	P	I	C	Y	L	C	S	G	S
V	U	J	I	I	X	E	A	Z	S	Q	F	L	W	D	M	P	F	C
T	D	D	L	F	W	D	D	X	C	L	K	Y	I	O	H	N	C	G
V	L	D	T	I	O	S	Y	U	G	U	W	W	P	Z	C	T	I	C
J	F	R	U	E	H	L	I	N	G	S	S	O	N	N	E	U	D	B

E	M	O	R	L	E	M	I	R	P	R	O	X	H	R	V	T	V	L
L	N	G	U	M	L	R	W	V	V	R	G	D	R	G	E	L	G	H
H	T	Z	U	I	P	P	S	Z	M	T	E	G	E	D	Q	M	O	Y
E	V	U	R	V	A	J	H	J	Y	I	Z	T	N	F	J	Z	L	Y
U	H	V	W	K	T	L	H	F	S	C	U	N	I	G	T	D	R	Q
F	U	L	H	C	V	R	M	S	C	M	Y	P	E	P	L	U	T	S
E	I	P	G	O	D	E	C	R	K	G	I	U	T	Z	H	K	M	V
G	V	I	D	U	U	H	P	E	T	E	U	L	B	M	U	A	B	V
S	R	Q	E	L	M	J	D	W	O	R	Z	Q	U	K	V	A	R	J
G	H	Q	R	E	M	T	H	N	M	E	L	I	V	J	Q	H	B	V
N	O	Z	L	P	M	K	Z	P	A	S	O	D	A	G	D	N	J	H
I	Q	Z	S	D	W	O	H	Z	O	R	A	U	R	D	B	C	R	W
L	E	T	M	A	U	L	W	U	R	F	B	P	U	E	L	A	O	O
H	X	U	K	J	M	A	D	W	S	E	J	N	I	J	T	V	N	V
E	V	L	U	R	A	W	N	O	G	D	D	V	E	W	N	S	Z	K
U	C	P	V	S	B	Q	Y	Z	P	I	W	E	K	N	E	F	R	D
R	I	E	L	T	T	H	Q	V	E	I	S	Z	F	L	N	Q	K	E
F	C	N	H	Q	I	O	L	X	X	R	Z	E	E	L	V	O	D	K
T	H	K	W	V	K	S	L	E	X	L	Q	Q	E	J	E	D	S	L
I	C	N	O	Z	T	Z	W	X	S	R	N	U	U	K	O	G	U	Z
A	C	O	I	A	W	V	F	P	K	S	V	E	F	H	R	I	O	X
X	N	S	K	A	C	C	O	L	T	H	O	B	X	G	P	D	T	V
B	O	P	T	A	X	W	A	X	V	P	H	R	K	A	D	Y	A	F
M	Z	E	A	A	T	G	J	D	N	V	H	K	D	B	P	V	I	X

ERSTER SONNENBRAND
FRUEHLINGSGEFUEHLE
TULPENKNOSPE
EISSCHMELZE
VOGELFEDER

BAUMBLUETE
MAULWURF
DROSSEL
PRIMEL
TULPE

Lösung

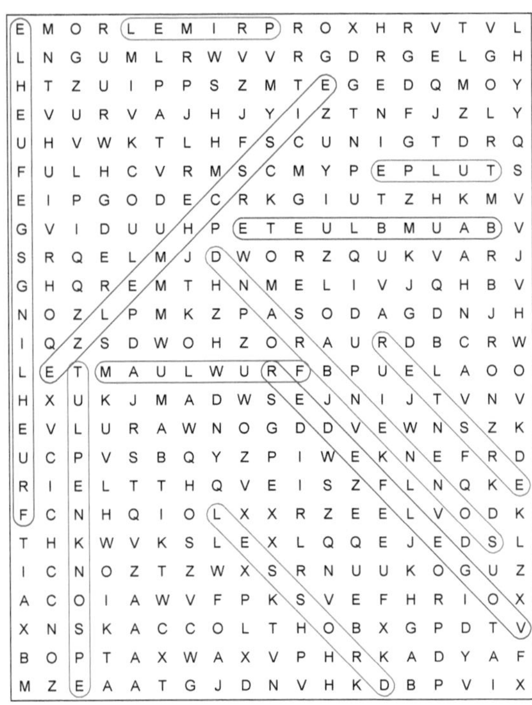

DAS

OSTERN

WORTSUCHRÄTSEL BUCH

Z	Q	F	K	C	E	J	L	L	Q	U	H	Z	G	C	H	D	F	I
E	D	F	C	X	M	N	Z	Q	P	Z	W	F	H	Q	T	F	P	K
K	G	N	I	L	H	E	U	R	F	B	K	P	L	M	U	W	V	G
H	N	J	P	N	G	J	J	Y	Y	G	P	T	W	B	T	W	M	A
G	F	B	S	N	L	Z	B	X	S	W	S	Z	U	P	Y	D	X	F
H	Z	M	D	Z	A	Q	K	D	R	Q	P	Q	Q	L	F	E	T	O
E	U	F	J	Y	K	C	N	A	A	S	M	J	B	A	P	A	R	O
U	V	Y	O	C	B	Z	V	A	V	K	Y	B	K	E	Y	E	R	Q
F	L	P	Q	S	L	B	U	A	L	R	U	R	E	T	S	O	N	M
V	S	Q	Y	Y	T	W	Q	I	X	F	Q	I	A	I	Z	Z	D	R
Q	N	T	F	A	D	E	P	I	M	I	E	P	O	M	S	L	Y	R
L	J	O	W	O	J	W	R	D	E	R	E	B	K	D	O	B	M	O
Z	R	Y	B	F	P	U	A	L	S	V	K	R	T	M	L	J	C	F
L	V	W	I	M	B	J	L	U	I	B	M	M	E	U	C	C	R	M
R	B	E	W	T	Y	H	C	E	N	C	Z	R	M	T	E	E	A	G
G	D	S	H	D	Q	H	K	Z	L	R	H	E	B	S	S	X	J	W
Y	N	L	Q	L	E	T	C	X	A	L	N	T	M	P	T	O	K	G
M	N	G	A	N	Z	B	N	E	H	C	A	L	R	E	T	S	O	F
M	V	T	L	Y	A	G	M	U	Q	G	U	H	N	C	F	O	F	F
M	O	W	B	O	C	B	W	V	L	L	U	T	A	G	D	H	E	I
M	S	W	H	K	L	O	S	T	E	R	F	L	A	M	M	E	J	Y
U	K	W	U	A	W	T	L	D	S	Q	D	D	L	Y	D	U	T	J
K	D	Q	K	E	Z	Q	H	U	N	O	I	K	H	Z	O	E	R	Z
U	T	E	H	J	V	D	X	G	K	C	T	D	T	U	N	G	K	D

1

OSTERLICHT
BLUMEN
OSTERLACHEN
FRUEHLING
EIERSUCHEN

HALLELUJA
OSTERFLAMME
OSTEREI
TULPEN
OSTERURLAUB

Lösung

Z	Q	F	K	C	E	J	L	L	Q	U	H	Z	G	C	H	D	F	I
E	D	F	C	X	M	N	Z	Q	P	Z	W	F	H	Q	T	F	P	K
K	G	N	I	L	H	E	U	R	F	B	K	P	L	M	U	W	V	G
H	N	J	P	N	G	J	J	Y	Y	G	P	T	W	B	T	W	M	A
G	F	B	S	N	L	Z	B	X	S	W	S	Z	U	P	Y	D	X	F
H	Z	M	D	Z	A	Q	K	D	R	Q	P	Q	Q	L	F	E	T	O
E	U	F	J	Y	K	C	N	A	A	S	M	J	B	A	P	A	R	O
U	V	Y	O	C	B	Z	V	A	V	K	Y	B	K	E	Y	E	R	Q
F	L	P	Q	S	L	B	U	A	L	R	U	R	E	T	S	O	N	M
V	S	Q	Y	Y	T	W	Q	I	X	F	Q	I	A	I	Z	Z	D	R
Q	N	T	F	A	D	E	P	I	M	I	E	P	O	M	S	L	Y	R
L	J	O	W	O	J	W	R	D	E	R	E	B	K	D	O	B	M	O
Z	R	Y	B	F	P	U	A	L	S	V	K	R	T	M	L	J	C	F
L	V	W	I	M	B	J	L	U	I	B	M	M	E	U	C	C	R	M
R	B	E	W	T	Y	H	C	E	N	C	Z	R	M	T	E	E	A	G
G	D	S	H	D	Q	H	K	Z	L	R	H	E	B	S	S	X	J	W
Y	N	L	Q	L	E	T	C	X	A	L	N	T	M	P	T	O	K	G
M	N	G	A	N	Z	B	N	E	H	C	A	L	R	E	T	S	O	F
M	V	T	L	Y	A	G	M	U	Q	G	U	H	N	C	F	O	F	F
M	O	W	B	O	C	B	W	V	L	L	U	T	A	G	D	H	E	I
M	S	W	H	K	L	O	S	T	E	R	F	L	A	M	M	E	J	Y
U	K	W	U	A	W	T	L	D	S	Q	D	D	L	Y	D	U	T	J
K	D	Q	K	E	Z	Q	H	U	N	O	I	K	H	Z	O	E	R	Z
U	T	E	H	J	V	D	X	G	K	C	T	D	T	U	N	G	K	D

O	C	E	S	S	E	M	G	G	R	R	M	W	M	J	Q	A	I	J
P	W	F	R	C	H	J	Q	V	D	X	I	X	M	K	D	R	D	N
N	C	E	U	N	N	Q	P	H	W	K	E	K	J	N	T	T	E	A
E	K	L	I	F	E	D	R	W	O	N	I	W	G	V	E	I	Z	L
H	S	V	O	D	D	X	C	Q	T	E	S	Z	W	Y	E	R	M	K
C	U	Q	S	J	E	G	Z	U	S	X	K	Y	M	R	F	T	M	W
B	L	Z	T	N	Y	N	T	F	Q	R	O	K	E	Y	G	W	A	E
R	N	G	E	I	M	F	K	R	L	X	D	H	E	H	I	I	F	Q
E	T	C	R	N	H	D	C	A	T	C	C	G	P	J	W	K	R	G
O	O	G	D	B	B	C	C	S	E	S	T	G	W	D	N	B	K	Y
K	S	Y	E	R	B	E	W	F	A	T	I	N	L	X	X	I	I	P
W	T	U	S	S	X	T	F	N	Q	P	Z	V	E	S	B	G	M	K
K	E	B	I	G	C	M	J	P	N	Z	V	C	Y	R	S	W	K	K
N	R	B	G	B	D	W	E	J	E	O	N	D	H	H	O	H	P	J
O	K	W	N	A	E	J	E	I	S	A	H	F	L	E	M	M	I	H
E	R	I	C	W	J	U	Z	T	L	Z	S	M	K	A	N	M	V	G
G	I	N	N	Z	C	B	E	J	Y	I	Q	T	I	R	L	C	O	T
V	N	Q	H	U	O	R	K	A	E	V	M	O	G	D	O	J	R	U
O	G	R	W	C	F	W	P	M	G	W	H	A	U	X	C	J	C	X
F	E	I	J	R	L	P	O	D	O	S	Z	N	F	V	A	O	H	A
E	L	P	E	E	J	D	N	L	Q	Z	X	D	X	P	U	L	F	S
F	S	U	P	E	W	X	P	G	T	Z	E	Q	B	B	S	Q	Y	C
X	D	S	P	X	K	U	X	G	E	R	I	C	H	T	G	B	Q	P
E	P	N	A	J	F	N	N	E	P	O	P	A	G	O	N	S	J	E

OSTERFREUDE
OSTERKRINGEL
FAMILIE
GERICHT
HIMMEL
OSTERDESIGN
WEIDENKAETZCHEN
NASCHEREIEN
KOERBCHEN
MESSE

Lösung

O	C	E	S	S	E	M	G	G	R	R	M	W	M	J	Q	A	I	J
P	W	F	R	C	H	J	Q	V	D	X	I	X	M	K	D	R	D	N
N	C	E	U	N	N	Q	P	H	W	K	E	K	J	N	T	T	E	A
E	K	L	I	F	E	D	R	W	O	N	I	W	G	V	E	I	Z	L
H	S	V	O	D	D	X	C	Q	T	E	S	Z	W	Y	E	R	M	K
C	U	Q	S	J	E	G	Z	U	S	X	K	Y	M	R	F	T	M	W
B	L	Z	T	N	Y	N	T	F	Q	R	O	K	E	Y	G	W	A	E
R	N	G	E	I	M	F	K	R	L	X	D	H	E	H	I	I	F	Q
E	T	C	R	N	H	D	C	A	T	C	C	G	P	J	W	K	R	G
O	O	G	D	B	B	C	C	S	E	S	T	G	W	D	N	B	K	Y
K	S	Y	E	R	B	E	W	F	A	T	I	N	L	X	X	I	I	P
W	T	U	S	S	X	T	F	N	Q	P	Z	V	E	S	B	G	M	K
K	E	B	I	G	C	M	J	P	N	Z	V	C	Y	R	S	W	K	K
N	R	B	G	B	D	W	E	J	E	O	N	D	H	H	O	H	P	J
O	K	W	N	A	E	J	E	I	S	A	H	F	L	E	M	M	I	H
E	R	I	C	W	J	U	Z	T	L	Z	S	M	K	A	N	M	V	G
G	I	N	N	Z	C	B	E	J	Y	I	Q	T	I	R	L	C	O	T
V	N	Q	H	U	O	R	K	A	E	V	M	O	G	D	O	J	R	U
O	G	R	W	C	F	W	P	M	G	W	H	A	U	X	C	J	C	X
F	E	I	J	R	L	P	O	D	O	S	Z	N	F	V	A	O	H	A
E	L	P	E	E	J	D	N	L	Q	Z	X	D	X	P	U	L	F	S
F	S	U	P	E	W	X	P	G	T	Z	E	Q	B	B	S	Q	Y	C
X	D	S	P	X	K	U	X	G	E	R	I	C	H	T	G	B	Q	P
E	P	N	A	J	F	N	N	E	P	O	P	A	G	O	N	S	J	E

N	T	K	R	T	S	W	B	W	J	G	I	Z	F	K	R	F	X	X
O	I	J	B	G	R	L	V	Y	G	N	D	M	H	M	I	V	X	U
L	U	C	L	I	A	Z	E	R	L	O	E	S	E	R	P	X	X	W
H	O	L	H	D	Q	N	V	O	O	F	R	D	K	S	A	X	Z	D
A	I	J	F	E	W	P	Z	O	M	N	Z	C	H	G	L	T	L	M
K	Y	I	W	R	Y	K	M	H	Z	B	N	C	E	O	M	M	T	P
M	I	X	M	P	S	X	N	X	B	O	A	W	D	Q	S	M	L	M
D	S	M	W	R	L	C	U	M	Q	W	Z	X	G	G	O	G	P	G
G	Q	S	I	E	O	P	O	A	N	U	Y	N	O	B	N	V	B	I
K	P	U	T	T	A	I	N	E	E	O	T	N	K	T	N	F	T	D
E	R	V	A	S	U	E	N	R	S	J	J	E	P	H	T	Z	A	A
F	G	X	N	O	M	E	K	Z	A	N	F	H	A	H	A	Q	T	M
A	I	M	O	J	I	G	F	P	S	Q	A	C	N	K	G	F	K	C
X	M	N	M	B	E	N	K	Y	J	P	C	U	L	Z	M	L	F	M
M	P	Y	R	N	V	S	A	O	R	G	M	K	W	O	U	E	J	J
W	M	J	E	A	X	G	U	D	Y	U	Y	R	K	K	L	F	H	V
K	X	W	T	E	E	T	S	S	R	X	D	E	G	E	Y	D	M	I
Z	U	D	S	H	E	E	P	V	J	H	J	T	V	L	N	G	V	J
V	U	K	O	B	F	D	X	Z	A	E	Y	S	R	U	Y	P	A	Q
T	W	V	E	F	E	N	L	F	B	A	U	O	M	K	G	Y	N	Q
T	X	G	F	M	R	X	J	B	U	L	X	D	F	B	L	J	W	P
I	P	B	U	M	Z	C	W	I	C	N	S	N	T	K	U	H	V	P
D	P	T	O	D	K	M	J	F	C	C	S	R	N	J	F	E	U	R
S	X	K	F	Z	U	A	S	U	K	R	O	V	D	C	G	X	R	V

ERLOESER
OSTERMONAT
JESUS
BIENENWACHS
DEMUT

OSTERKUCHEN
KREUZWEG
PALMSONNTAG
OSTERPREDIGT
GEBET

Lösung

N	T	K	R	T	S	W	B	W	J	G	I	Z	F	K	R	F	X	X
O	I	J	B	G	R	L	V	Y	G	N	D	M	H	M	I	V	X	U
L	U	C	L	I	A	Z	E	R	L	O	E	S	E	R	P	X	X	W
H	O	L	H	D	Q	N	V	O	O	F	R	D	K	S	A	X	Z	D
A	I	J	F	E	W	P	Z	O	M	N	Z	C	H	G	L	T	L	M
K	Y	I	W	R	Y	K	M	H	Z	B	N	C	E	O	M	M	T	P
M	I	X	M	P	S	X	N	X	B	O	A	W	D	Q	S	M	L	M
D	S	M	W	R	L	C	U	M	Q	W	Z	X	G	G	O	G	P	G
G	Q	S	I	E	O	P	O	A	N	U	Y	N	O	B	N	V	B	I
K	P	U	T	T	A	I	N	E	E	O	T	N	K	T	N	F	T	D
E	R	V	A	S	U	E	N	R	S	J	J	E	P	H	T	Z	A	A
F	G	X	N	O	M	E	K	Z	A	N	F	H	A	H	A	Q	T	M
A	I	M	O	J	I	G	F	P	S	Q	A	C	N	K	G	F	K	C
X	M	N	M	B	E	N	K	Y	J	P	C	U	L	Z	M	L	F	M
M	P	Y	R	N	V	S	A	O	R	G	M	K	W	O	U	E	J	J
W	M	J	E	A	X	G	U	D	Y	U	Y	R	K	K	L	F	H	V
K	X	W	T	E	E	T	S	S	R	X	D	E	G	E	Y	D	M	I
Z	U	D	S	H	E	E	P	V	J	H	J	T	V	L	N	G	V	J
V	U	K	O	B	F	D	X	Z	A	E	Y	S	R	U	Y	P	A	Q
T	W	V	E	F	E	N	L	F	B	A	U	O	M	K	G	Y	N	Q
T	X	G	F	M	R	X	J	B	U	L	X	D	F	B	L	J	W	P
I	P	B	U	M	Z	C	W	I	C	N	S	N	T	K	U	H	V	P
D	P	T	O	D	K	M	J	F	C	C	S	R	N	J	F	E	U	R
S	X	K	F	Z	U	A	S	U	K	R	O	V	D	C	G	X	R	V

B	O	W	Z	Q	C	S	O	V	X	K	T	E	C	U	R	Q	D	X
J	P	V	B	D	R	S	J	O	E	P	Q	Z	N	S	Q	L	X	G
H	X	S	O	S	T	E	R	S	O	N	N	T	A	G	Z	Q	N	E
K	G	W	L	W	V	L	X	A	S	S	I	X	H	A	Y	P	N	S
T	R	L	W	C	A	U	C	X	G	O	U	E	C	S	Y	G	E	C
P	V	O	M	E	M	F	C	U	O	X	L	N	L	H	Y	S	I	H
F	E	X	M	F	E	S	T	E	S	S	E	N	M	K	M	Y	H	E
H	E	O	J	M	G	A	G	U	T	R	T	S	P	A	D	M	B	N
N	F	D	M	I	X	I	M	P	E	U	T	X	T	A	X	S	I	K
S	I	L	F	S	A	N	E	H	R	R	I	L	F	D	V	N	W	E
D	E	O	S	C	H	B	C	X	K	U	M	V	P	K	Y	A	Q	Y
N	L	T	X	E	X	X	H	H	E	U	S	W	W	B	L	R	L	C
W	H	B	C	B	T	Y	J	G	R	D	N	Y	Y	P	I	S	D	F
X	C	P	M	R	Q	K	I	G	Z	P	E	Z	T	K	Q	W	W	S
T	S	T	Z	E	Z	U	Y	V	E	J	B	B	F	E	O	B	J	X
H	H	Y	D	G	P	A	E	D	E	M	E	X	M	L	X	W	W	X
T	R	Y	P	N	C	L	D	M	Y	A	L	S	N	P	I	Z	W	E
X	N	G	I	E	N	B	H	G	E	M	B	F	E	F	A	F	N	O
E	E	Z	N	U	D	L	A	V	L	X	I	D	D	N	L	I	G	P
G	N	Y	F	J	U	L	S	K	T	Q	L	M	D	X	X	U	X	M
V	P	L	V	D	M	E	B	Q	B	K	P	H	D	N	B	N	F	C
W	U	T	N	G	Z	H	H	V	X	B	M	H	B	B	C	S	P	Z
I	W	A	A	F	A	A	C	S	E	T	C	Y	Z	D	U	K	B	D
C	B	E	Z	U	R	X	V	Z	S	Q	C	F	A	C	I	Q	D	R

OSTERSONNTAG
JUENGER
OSTERKERZE
XP
HELLBLAU

FESTESSEN
KLEINE GESCHENKE
LEBENSMITTEL
SCHLEIFE
BAND

Lösung

B O W Z Q C S O V X K T E C U R Q D X
J P V B D R S J O E P Q Z N S Q L X G
H X S O S T E R S O N N T A G Z Q N E
K G W L W V L X A S S I X H A Y P N S
T R L W C A U C X G O U E C S Y G E C
P V O M E M F C U O X L N L H Y S I H
F E X M F E S T E S S E N M K M Y H E
H E O J M G A G U T R T S P A D M B N
N F D M I X I M P E U T X T A X S I K
S I L F S A N E H R R I L F D V N W E
D E O S C H B C X K U M V P K Y A Q Y
N L T X E X X H H E U S W W B L R L C
W H B C B T Y J G R D N Y Y P I S D F
X C P M R Q K I G Z P E Z T K Q W W S
T S T Z E Z U Y V E J B B F E O B J X
H H Y D G P A E D E M E X M L X W W X
T R Y P N C L D M Y A L S N P I Z W E
X N G I E N B H G E M B F E F A F N O
E E Z N U D L A V L X I D D N L I G P
G N Y F J U L S K T Q L M D X X U X M
V P L V D M E B Q B K P H D N B N F C
W U T N G Z H H V X B M H B B C S P Z
I W A A F A A C S E T C Y Z D U K B D
C B E Z U R X V Z S Q C F A C I Q D R

K	Z	Z	M	I	X	D	I	F	R	J	W	J	T	F	Q	E	L	B
T	P	B	S	F	Q	Z	N	I	Y	D	L	J	M	H	S	H	H	R
Q	I	W	F	U	J	E	C	M	E	Y	H	O	S	H	T	C	K	Q
K	O	R	O	A	C	U	B	L	D	W	L	K	M	V	E	O	W	P
P	P	N	G	L	F	Z	K	L	V	T	Q	A	F	L	T	W	Z	F
A	T	T	X	V	E	W	D	G	R	P	I	G	P	H	L	R	N	N
K	M	X	F	T	T	F	S	D	I	P	Y	E	J	P	Z	A	M	K
T	L	G	G	S	C	H	O	K	O	E	I	E	R	M	G	K	J	A
O	F	Z	Y	G	O	F	I	W	S	R	T	S	D	F	I	G	A	R
D	A	V	X	S	S	L	O	J	H	Z	B	F	Z	S	H	X	U	S
E	S	C	J	J	T	M	Q	Q	F	K	Z	H	H	C	C	L	T	A
I	T	S	S	U	E	U	C	R	P	C	L	O	Z	Z	S	M	P	M
L	E	F	Q	R	R	L	R	E	S	H	I	Z	R	M	I	X	B	S
R	N	N	A	E	E	M	K	R	A	E	S	A	I	C	T	P	J	T
E	T	B	S	U	I	P	V	T	C	E	R	D	D	A	R	J	K	A
T	U	W	S	E	E	G	L	O	X	B	N	C	M	D	E	V	D	G
S	C	I	C	F	R	P	N	S	B	I	E	O	D	J	T	P	G	F
O	H	G	G	R	F	A	W	T	X	Y	O	F	W	Y	S	U	L	A
G	Y	X	P	E	A	L	H	E	N	G	C	O	B	J	O	T	O	D
L	H	C	G	T	R	M	N	R	C	A	P	T	U	J	M	T	R	T
O	W	F	N	S	B	C	D	M	B	R	A	U	C	H	Z	M	O	R
G	U	P	O	O	E	C	S	O	Y	Z	V	Z	Q	R	L	C	H	F
T	L	K	Q	X	M	I	L	N	A	C	F	X	G	U	M	G	A	B
D	A	S	G	S	G	X	Z	D	T	S	R	B	B	V	T	E	U	I

5

OSTERFEUER
KARWOCHE
OSTERTISCH
KARSAMSTAG
BRAUCH

OSTERMOND
OSTERLIED
OSTEREIERFARBE
FASTENTUCH
SCHOKOEIER

Lösung

K	Z	Z	M	I	X	D	I	F	R	J	W	J	T	F	Q	E	L	B
T	P	B	S	F	Q	Z	N	I	Y	D	L	J	M	H	S	H	H	R
Q	I	W	F	U	J	E	C	M	E	Y	H	O	S	H	T	C	K	Q
K	O	R	O	A	C	U	B	L	D	W	L	K	M	V	E	O	W	P
P	P	N	G	L	F	Z	K	L	V	T	Q	A	F	L	T	W	Z	F
A	T	T	X	V	E	W	D	G	R	P	I	G	P	H	L	R	N	N
K	M	X	F	T	T	F	S	D	I	P	Y	E	J	P	Z	A	M	K
T	L	G	G	S	C	H	O	K	O	E	I	E	R	M	G	K	J	A
O	F	Z	Y	G	O	F	I	W	S	R	T	S	D	F	I	G	A	R
D	A	V	X	S	S	L	O	J	H	Z	B	F	Z	S	H	X	U	S
E	S	C	J	J	T	M	Q	Q	F	K	Z	H	H	C	C	L	T	A
I	T	S	S	U	E	U	C	R	P	C	L	O	Z	Z	S	M	P	M
L	E	F	Q	R	R	L	R	E	S	H	I	Z	R	M	I	X	B	S
R	N	N	A	E	E	M	K	R	A	E	S	A	I	C	T	P	J	T
E	T	B	S	U	I	P	V	T	C	E	R	D	D	A	R	J	K	A
T	U	W	S	E	E	G	L	O	X	B	N	C	M	D	E	V	D	G
S	C	I	C	F	R	P	N	S	B	I	E	O	D	J	T	P	G	F
O	H	G	G	R	F	A	W	T	X	Y	O	F	W	Y	S	U	L	A
G	Y	X	P	E	A	L	H	E	N	G	C	O	B	J	O	T	O	D
L	H	C	G	T	R	M	N	R	C	A	P	T	U	J	M	T	R	T
O	W	F	N	S	B	C	D	M	B	R	A	U	C	H	Z	M	O	R
G	U	P	O	O	E	C	S	O	Y	Z	V	Z	Q	R	L	C	H	F
T	L	K	Q	X	M	I	L	N	A	C	F	X	G	U	M	G	A	B
D	A	S	G	S	G	X	Z	D	T	S	R	B	B	V	T	E	U	I

V	U	E	U	P	O	E	N	J	J	D	H	X	F	D	G	A	P	O
L	N	G	Z	G	R	S	U	U	T	P	X	S	B	E	K	B	U	P
Y	O	B	O	G	A	N	G	J	K	M	O	P	X	U	O	U	H	Q
N	L	Q	F	A	G	S	G	X	E	Y	S	J	X	V	H	O	K	G
U	E	X	V	E	S	K	A	L	I	T	T	C	X	J	J	T	Q	O
U	F	T	N	Z	M	R	C	W	U	Q	E	I	P	H	O	R	C	D
T	F	U	J	F	K	K	Z	V	M	G	R	X	D	V	P	W	Q	R
Z	W	P	H	A	J	T	T	A	S	J	B	C	I	C	F	S	X	J
N	Y	T	N	K	D	W	C	G	C	A	R	W	R	Y	R	N	R	L
I	Y	I	K	Z	X	C	G	Q	S	K	A	T	I	D	T	T	U	R
K	Y	D	N	G	X	P	Z	Q	S	X	E	D	F	O	R	T	H	S
D	A	T	I	C	I	N	D	G	J	Z	U	Y	G	R	Y	M	R	U
E	R	J	T	I	P	R	E	Y	S	O	C	G	Y	N	X	V	L	O
O	R	N	B	J	S	M	H	H	E	Y	H	A	N	E	O	R	S	P
N	S	A	T	S	Y	H	E	Q	C	C	E	S	C	N	Q	T	I	C
G	O	T	W	T	Z	L	Y	D	K	S	E	W	N	K	E	H	Q	Q
H	A	C	E	K	S	R	V	D	A	D	T	V	N	R	L	Q	U	A
E	G	E	A	R	C	R	O	Q	O	L	H	A	H	O	V	J	J	D
J	Q	A	D	N	W	A	T	F	I	F	O	E	R	N	D	K	J	O
Z	T	W	U	T	D	O	B	T	W	E	N	K	K	E	K	M	T	T
E	J	X	D	D	A	A	C	F	X	N	D	R	O	T	D	I	O	U
B	W	Q	S	W	F	G	C	H	E	O	Y	N	A	H	N	V	Z	G
D	M	E	T	T	I	R	D	H	E	V	Y	K	O	L	C	D	G	A
L	K	R	S	T	C	T	Y	J	T	F	F	O	M	T	N	S	D	L

OSTERHENNE
SCHOKOLADE
DER DRITTE TAG
RATSCHEN
DORNENKRONE

BACKWARE
JUNGE
OSTERWOCHE
ANDACHT
OSTERBRAEUCHE

Lösung

V U E U P O E N J J D H X F D G A P O
L N G Z G R S U U T P X S B E K B U P
Y O B O G A N G J K M O P X U O U H Q
N L Q F A G S G X E Y S J X V H O K G
U E X V E S K A L I T T C X J J T Q O
U F T N Z M R C W U Q E I P H O R C D
T F U J F K K Z V M G R X D V P W Q R
Z W P H A J T T A S J B C I C F S X J
N Y T N K D W C G C A R W R Y R N R L
I Y I K Z X C G Q S K A T I D T T U R
K Y D N G X P Z Q S X E D F O R T H S
D A T I C I N D G J Z U Y G R Y M R U
E R J T I P R E Y S O C G Y N X V L O
O R N B J S M H H E Y H A N E O R S P
N S A T S Y H E Q C C E S C N Q T I C
G O T W T Z L Y D K S E W N K E H Q Q
H A C E K S R V D A D T V N R L Q U A
E G E A R C R O Q O L H A H O V J J D
J Q A D N W A T F I F O E R N D K J O
Z T W U T D O B T W E N K K E K M T T
E J X D D A A C F X N D R O T D I O U
B W Q S W F G C H E O Y N A H N V Z G
D M E T T I R D H E V Y K O L C D G A
L K R S T C T Y J T F F O M T N S D L

O	I	H	G	W	L	L	Q	G	Q	Y	J	L	B	V	L	U	B	D
W	F	G	K	M	A	W	V	C	N	U	E	C	K	E	C	O	Q	Z
J	B	H	N	A	V	P	M	B	E	D	F	E	O	S	W	S	S	T
F	S	G	L	U	R	A	F	M	G	S	Q	Q	S	C	H	T	W	L
J	Q	R	E	X	B	F	P	Y	B	J	K	I	T	Z	P	E	I	O
Z	N	F	T	H	P	E	R	Z	O	H	N	Y	E	R	E	R	T	H
C	B	N	S	N	O	A	G	E	P	O	H	S	R	N	A	B	A	R
O	D	I	A	E	D	S	B	R	I	C	O	W	R	Q	O	I	E	L
V	U	E	B	K	F	V	T	E	E	T	J	A	E	A	R	L	W	Q
R	Q	I	C	C	V	F	A	E	N	V	A	X	I	W	P	D	H	N
V	R	M	B	E	G	O	K	H	R	D	T	G	G	H	S	G	U	O
E	S	P	W	T	S	O	X	K	H	N	M	W	E	L	N	B	F	J
T	D	I	Q	S	C	S	S	A	I	L	A	A	N	P	P	V	I	K
Z	A	F	K	R	Q	K	D	V	X	Q	W	C	H	F	U	A	L	X
T	P	R	X	E	T	A	Y	X	X	C	R	C	H	L	A	Z	E	Y
E	Y	I	A	V	H	F	P	N	W	X	R	T	T	T	W	M	Y	Y
L	K	U	W	M	I	C	J	Q	Z	Q	W	W	G	K	Z	X	S	K
N	C	G	T	D	P	F	J	I	K	Z	F	F	V	Y	A	E	Q	W
L	N	N	D	X	A	L	N	Y	M	S	T	L	S	G	U	M	E	B
C	D	B	V	F	H	T	Z	N	C	H	T	G	B	C	T	A	F	J
P	V	T	Z	T	S	R	H	R	W	V	G	L	O	Z	S	G	G	D
V	H	W	Q	I	U	A	M	E	S	S	I	A	S	F	A	N	K	R
C	B	C	O	Y	L	L	D	U	R	E	N	M	D	X	Z	A	M	E
Q	O	S	I	S	J	Z	Z	U	E	R	K	W	B	D	X	H	G	E

DAS LETZTE ABENDMAHL
OSTERREIGEN
KARFREITAG
VERGEBUNG
VERSTECKEN
OSTERBILD
KREUZ
OSTERNACHT
MESSIAS
BASTELN

Lösung

O I H G W L L Q G Q Y J L B V L U B D
W F G K M A W V C N U E C K E C O Q Z
J B H N A V P M B E D F E O S W S S T
F S G L U R A F M G S Q Q S C H T W L
J Q R E X B F P Y B J K I T Z P E I O
Z N F T H P E R Z O H N Y E R E R T H
C B N S N O A G E P O H S R N A B A R
O D I A E D S B R I C O W R Q O I E L
V U E B K F V T E E T J A E A R L W Q
R Q I C C V F A E N V A X I W P D H N
V R M B E G O K H R D T G G H S G U O
E S P W T S O X K H N M W E L N B F J
T D I Q S C S S A I L A A N P P V I K
Z A F K R Q K D V X Q W C H F U A L X
T P R X E T A Y X X C R C H L A Z E Y
E Y I A V H F P N W X R T T T W M Y Y
L K U W M I C J Q Z Q W W G K Z X S K
N C G T D P F J I K Z F F V Y A E Q W
L N N D X A L N Y M S T L S G U M E B
C D B V F H T Z N C H T G B C T A F J
P V T Z T S R H R W V G L O Z S G G D
V H W Q I U A M E S S I A S F A N K R
C B C O Y L L D U R E N M D X Z A M E
Q O S I S J Z Z U E R K W B D X H G E

Z	L	O	S	P	R	B	X	X	H	T	W	A	M	F	Y	H	V	K
K	E	T	P	I	R	U	X	G	U	C	M	Y	M	N	W	K	N	A
N	P	H	D	C	O	Y	E	O	H	F	U	N	K	A	Y	D	K	Z
N	M	I	I	J	J	X	M	N	R	E	T	S	O	Y	C	E	L	Q
J	U	X	K	J	G	E	K	X	S	N	E	Q	E	X	K	Z	I	E
G	I	A	I	Z	P	I	U	U	M	I	Q	N	Q	B	G	Y	Y	K
I	K	K	R	V	L	B	B	W	X	E	S	M	A	H	N	N	W	C
A	J	E	H	E	G	Q	W	L	S	H	K	K	O	G	D	U	W	O
X	V	W	U	Y	Q	T	U	V	I	C	G	A	P	O	M	K	B	L
B	H	S	W	X	U	O	J	T	K	S	Q	M	M	G	C	D	S	G
J	B	G	M	J	S	C	X	I	V	N	P	B	X	R	T	R	E	R
M	C	G	A	R	R	K	S	F	F	E	Z	T	M	H	Q	K	R	E
U	N	R	A	T	B	G	W	W	R	N	I	L	I	P	U	I	V	T
V	Q	K	K	O	R	L	D	F	W	N	T	I	P	U	M	O	I	S
K	H	J	Y	V	S	E	E	K	Z	O	Z	U	X	J	S	R	E	O
F	C	S	B	O	E	X	I	G	P	S	F	K	K	T	H	N	R	V
L	U	L	W	L	B	U	N	E	G	C	L	U	E	S	G	C	E	T
S	T	I	Y	I	J	Z	T	C	F	A	X	R	K	V	U	R	N	Z
Y	B	C	Z	C	E	V	R	L	P	X	T	W	L	K	S	L	S	D
L	A	G	P	Y	F	W	K	Q	J	A	K	W	J	L	B	M	I	B
E	R	Q	Y	N	F	E	H	J	N	Y	B	Z	R	S	U	D	X	I
B	G	I	J	C	M	J	Y	Z	J	G	V	F	J	L	X	Z	Y	T
H	Q	T	W	A	H	O	R	T	S	J	E	M	B	T	R	N	D	K
K	T	S	A	D	Y	N	Y	L	U	U	D	R	G	J	X	Y	J	G

GELB
BESUCH
STROH
GRABTUCH
OSTERTANZ

SERVIEREN
FEIERTAG
SONNENSCHEIN
OSTERN
OSTERGLOCKE

Lösung

Z	L	O	S	P	R	B	X	X	H	T	W	A	M	F	Y	H	V	K
K	E	T	P	I	R	U	X	G	U	C	M	Y	M	N	W	K	N	A
N	P	H	D	C	O	Y	E	O	H	F	U	N	K	A	Y	D	K	Z
N	M	I	I	J	J	X	M	N	R	E	T	S	O	Y	C	E	L	Q
J	U	X	K	J	G	E	K	X	S	N	E	Q	E	X	K	Z	I	E
G	I	A	I	Z	P	I	U	U	M	I	Q	N	Q	B	G	Y	Y	K
I	K	K	R	V	L	B	B	W	X	E	S	M	A	H	N	N	W	C
A	J	E	H	E	G	Q	W	L	S	H	K	K	O	G	D	U	W	O
X	V	W	U	Y	Q	T	U	V	I	C	G	A	P	O	M	K	B	L
B	H	S	W	X	U	O	J	T	K	S	Q	M	M	G	C	D	S	G
J	B	G	M	J	S	C	X	I	V	N	P	B	X	R	T	R	E	R
M	C	G	A	R	R	K	S	F	F	E	Z	T	M	H	Q	K	R	E
U	N	R	A	T	B	G	W	W	R	N	I	L	I	P	U	I	V	T
V	Q	K	K	O	R	L	D	F	W	N	T	I	P	U	M	O	I	S
K	H	J	Y	V	S	E	E	K	Z	O	Z	U	X	J	S	R	E	O
F	C	S	B	O	E	X	I	G	P	S	F	K	K	T	H	N	R	V
L	U	L	W	L	B	U	N	E	G	C	L	U	E	S	G	C	E	T
S	T	I	Y	I	J	Z	T	C	F	A	X	R	K	V	U	R	N	Z
Y	B	C	Z	C	E	V	R	L	P	X	T	W	L	K	S	L	S	D
L	A	G	P	Y	F	W	K	Q	J	A	K	W	J	L	B	M	I	B
E	R	Q	Y	N	F	E	H	J	N	Y	B	Z	R	S	U	D	X	I
B	G	I	J	C	M	J	Y	Z	J	G	V	F	J	L	X	Z	Y	T
H	Q	T	W	A	H	O	R	T	S	J	E	M	B	T	R	N	D	K
K	T	S	A	D	Y	N	Y	L	U	U	D	R	G	J	X	Y	J	G

R	Y	K	W	L	E	T	W	G	H	S	F	F	R	P	T	T	R	K
L	F	U	E	B	E	R	R	A	S	C	H	U	N	G	O	O	B	T
G	L	Q	K	A	W	Q	X	Z	D	N	I	R	F	K	S	P	W	M
H	K	K	D	B	A	K	O	S	T	E	R	N	M	E	T	P	U	W
O	S	T	E	R	D	O	N	N	E	R	S	T	A	G	E	G	D	K
Z	V	X	U	S	E	Z	V	B	P	Q	Y	T	G	D	R	W	J	J
U	C	P	Y	T	W	K	C	I	Z	R	P	E	A	R	M	J	H	L
I	E	S	W	G	B	T	S	L	T	P	T	I	E	Z	A	W	H	Y
C	U	X	Q	X	P	A	H	H	Z	W	Y	A	N	O	R	R	P	C
D	Q	F	K	V	L	A	J	N	J	Q	B	U	S	Z	K	D	T	U
N	Y	P	C	Y	T	F	R	T	T	X	G	R	E	Y	T	P	Q	D
E	N	V	L	N	E	S	T	X	U	H	Y	J	B	R	M	L	Z	E
B	E	V	X	Q	J	P	B	K	O	U	E	X	L	Y	S	R	A	U
A	E	B	V	M	D	K	M	B	B	Z	Z	W	U	G	W	D	K	G
R	S	G	U	G	I	Y	U	V	H	B	B	R	E	B	P	K	E	E
E	A	R	J	W	W	X	T	R	I	A	K	L	M	B	B	M	F	X
T	H	S	D	J	U	P	U	B	Z	M	F	U	C	C	Q	P	X	Z
S	O	G	F	S	N	T	V	P	B	B	O	D	H	E	H	O	R	F
O	K	D	M	B	V	N	A	R	M	R	Q	P	E	A	I	J	R	M
O	O	H	X	A	L	T	P	T	S	C	F	X	N	N	B	C	F	R
H	H	F	K	J	G	L	O	C	K	E	N	L	A	E	U	T	E	N
E	C	C	E	B	A	I	V	U	X	E	Q	W	B	D	T	I	G	S
P	S	U	A	P	A	S	S	I	O	N	S	Z	E	I	T	Z	D	W
J	E	I	E	T	M	E	S	C	I	I	K	W	I	U	X	G	C	I

GAENSEBLUEMCHEN
UEBERRASCHUNG
OSTERDONNERSTAG
SCHOKOHASE
OSTERMARKT

NEST
PASSIONSZEIT
OSTERABEND
GLOCKENLAEUTEN
FROHE OSTERN

Lösung

R	Y	K	W	L	E	T	W	G	H	S	F	F	R	P	T	T	R	K
L	F	U	E	B	E	R	R	A	S	C	H	U	N	G	O	O	B	T
G	L	Q	K	A	W	Q	X	Z	D	N	I	R	F	K	S	P	W	M
H	K	K	D	B	A	K	O	S	T	E	R	N	M	E	T	P	U	W
O	S	T	E	R	D	O	N	N	E	R	S	T	A	G	E	G	D	K
Z	V	X	U	S	E	Z	V	B	P	Q	Y	T	G	D	R	W	J	J
U	C	P	Y	T	W	K	C	I	Z	R	P	E	A	R	M	J	H	L
I	E	S	W	G	B	T	S	L	T	P	T	I	E	Z	A	W	H	Y
C	U	X	Q	X	P	A	H	H	Z	W	Y	A	N	O	R	R	P	C
D	Q	F	K	V	L	A	J	N	J	Q	B	U	S	Z	K	D	T	U
N	Y	P	C	Y	T	F	R	T	T	X	G	R	E	Y	T	P	Q	D
E	N	V	L	N	E	S	T	X	U	H	Y	J	B	R	M	L	Z	E
B	E	V	X	Q	J	P	B	K	O	U	E	X	L	Y	S	R	A	U
A	E	B	V	M	D	K	M	B	B	Z	Z	W	U	G	W	D	K	G
R	S	G	U	G	I	Y	U	V	H	B	B	R	E	B	P	K	E	E
E	A	R	J	W	W	X	T	R	I	A	K	L	M	B	B	M	F	X
T	H	S	D	J	U	P	U	B	Z	M	F	U	C	C	Q	P	X	Z
S	O	G	F	S	N	T	V	P	B	B	O	D	H	E	H	O	R	F
O	K	D	M	B	V	N	A	R	M	R	Q	P	E	A	I	J	R	M
O	O	H	X	A	L	T	P	T	S	C	F	X	N	N	B	C	F	R
H	H	F	K	J	G	L	O	C	K	E	N	L	A	E	U	T	E	N
E	C	C	E	B	A	I	V	U	X	E	Q	W	B	D	T	I	G	S
P	S	U	A	P	A	S	S	I	O	N	S	Z	E	I	T	Z	D	W
J	E	I	E	T	M	E	S	C	I	I	K	W	I	U	X	G	C	I

L	H	S	Q	R	N	M	Y	W	L	L	K	X	H	B	T	L	O	E
D	U	G	I	N	E	O	K	R	E	T	S	O	R	Y	Y	T	J	N
N	E	Q	H	J	W	B	K	Z	B	O	V	S	U	J	T	R	F	C
N	K	O	V	M	F	E	R	I	D	Z	Q	O	D	T	T	B	G	L
I	X	S	O	B	C	H	V	P	T	U	C	K	O	N	V	T	P	R
S	T	T	T	L	I	M	K	W	V	C	U	I	Y	T	F	R	M	F
R	N	E	H	G	P	M	P	W	M	G	Q	X	E	H	Y	O	B	Y
J	X	R	Y	E	K	A	K	J	K	A	N	I	N	C	H	E	N	J
N	O	Z	W	Y	Z	L	O	K	H	G	W	S	P	E	P	K	G	A
U	O	E	K	N	N	R	A	J	T	U	E	Z	E	R	F	U	G	M
A	O	R	P	T	H	E	D	G	G	E	T	R	C	N	O	P	A	Y
A	D	E	R	Z	U	T	J	X	G	S	W	O	A	S	S	L	K	T
G	Q	M	B	W	E	S	F	F	R	U	W	H	E	I	T	S	G	K
Q	A	O	D	J	H	O	K	R	V	T	A	J	M	H	E	J	E	J
B	H	N	Y	M	H	C	O	A	Z	S	M	M	B	X	R	J	A	E
J	O	I	N	V	Z	N	E	G	L	I	E	O	N	S	Z	F	A	X
E	A	E	W	K	J	E	E	I	A	R	R	D	E	C	E	H	R	V
W	A	C	O	H	I	Q	P	S	T	H	N	E	T	T	I	A	H	N
Q	B	M	A	J	U	I	W	K	S	C	V	L	E	L	T	M	P	E
Z	J	C	Z	L	M	M	D	V	H	I	L	X	B	Y	X	R	R	Q
O	M	R	Y	O	S	Y	C	Z	E	L	Z	M	O	J	R	B	B	T
R	Y	X	S	X	R	W	W	X	A	I	X	R	M	A	O	Z	Y	Y
U	N	G	L	R	G	U	A	Y	D	W	M	W	A	I	H	D	K	X
G	J	O	S	T	E	R	S	T	R	A	U	S	S	N	U	I	M	M

10

OSTERKOENIG
CHRISTUS
OSTERZEREMONIE
OSTERSTRAUSS
BETEN

OSTERLAMM
OSTERZEIT
NARZISSEN
EI
KANINCHEN

Lösung

L	H	S	Q	R	N	M	Y	W	L	L	K	X	H	B	T	L	O	E
D	U	G	I	N	E	O	K	R	E	T	S	O	R	Y	Y	T	J	N
N	E	Q	H	J	W	B	K	Z	B	O	V	S	U	J	T	R	F	C
N	K	O	V	M	F	E	R	I	D	Z	Q	O	D	T	T	B	G	L
I	X	S	O	B	C	H	V	P	T	U	C	K	O	N	V	T	P	R
S	T	T	T	L	I	M	K	W	V	C	U	I	Y	T	F	R	M	F
R	N	E	H	G	P	M	P	W	M	G	Q	X	E	H	Y	O	B	Y
J	X	R	Y	E	K	A	K	J	K	A	N	I	N	C	H	E	N	J
N	O	Z	W	Y	Z	L	O	K	H	G	W	S	P	E	P	K	G	A
U	O	E	K	N	N	R	A	J	T	U	E	Z	E	R	F	U	G	M
A	O	R	P	T	H	E	D	G	G	E	T	R	C	N	O	P	A	Y
A	D	E	R	Z	U	T	J	X	G	S	W	O	A	S	S	L	K	T
G	Q	M	B	W	E	S	F	F	R	U	W	H	E	I	T	S	G	K
Q	A	O	D	J	H	O	K	R	V	T	A	J	M	H	E	J	E	J
B	H	N	Y	M	H	C	O	A	Z	S	M	M	B	X	R	J	A	E
J	O	I	N	V	Z	N	E	G	L	I	E	O	N	S	Z	F	A	X
E	A	E	W	K	J	E	E	I	A	R	R	D	E	C	E	H	R	V
W	A	C	O	H	I	Q	P	S	T	H	N	E	T	T	I	A	H	N
Q	B	M	A	J	U	I	W	K	S	C	V	L	E	L	T	M	P	E
Z	J	C	Z	L	M	M	D	V	H	I	L	X	B	Y	X	R	R	Q
O	M	R	Y	O	S	Y	C	Z	E	L	Z	M	O	J	R	B	B	T
R	Y	X	S	X	R	W	W	X	A	I	X	R	M	A	O	Z	Y	Y
U	N	G	L	R	G	U	A	Y	D	W	M	W	A	I	H	D	K	X
G	J	O	S	T	E	R	S	T	R	A	U	S	S	N	U	I	M	M

S	M	I	S	Y	F	X	A	I	J	K	T	Y	N	Z	V	P	A	C
S	I	W	Y	P	E	F	H	K	P	M	T	L	N	O	E	W	G	K
C	F	L	E	L	J	N	G	A	E	B	F	Y	L	R	Y	M	H	J
I	Z	G	X	P	M	K	L	V	K	W	N	O	S	J	K	D	B	E
T	B	V	K	K	I	M	S	C	T	L	X	J	P	V	M	B	Q	D
K	D	C	R	N	Z	H	X	I	J	U	F	T	W	X	Z	B	C	D
F	R	J	D	W	E	C	Q	T	E	Q	X	Y	W	F	K	I	W	N
L	V	E	E	D	H	J	G	C	T	W	Q	Y	L	W	Y	M	Q	I
M	R	I	G	N	A	G	R	E	I	Z	A	P	S	R	E	T	S	O
T	G	N	G	C	V	E	P	L	U	H	K	V	I	R	V	D	J	U
O	N	U	F	O	S	E	C	R	X	N	Z	J	T	Q	N	K	F	X
N	U	S	B	K	H	N	G	T	F	A	S	T	E	N	Z	E	I	T
P	X	S	L	V	K	N	D	K	M	M	O	B	Q	W	D	H	Y	S
A	R	E	Y	G	R	V	R	F	Y	T	G	Y	F	F	D	H	K	G
O	R	R	Y	N	E	X	E	R	D	V	I	A	X	Q	E	F	B	O
J	Y	E	N	N	I	Q	Z	Q	E	N	D	Z	T	T	V	T	D	L
K	J	N	H	T	E	T	U	D	O	H	E	R	A	E	N	W	Z	M
R	X	H	H	I	R	U	Y	F	R	E	U	D	E	M	S	L	R	M
L	X	E	C	K	E	U	G	S	Q	I	E	U	C	M	L	S	T	J
S	X	U	F	I	T	J	X	O	R	X	I	M	L	C	R	M	U	S
X	K	H	G	R	S	Y	I	M	X	S	C	N	L	O	H	V	Q	B
O	B	B	F	C	O	X	V	N	B	A	H	B	K	M	B	D	E	H
N	V	K	U	H	F	W	F	E	A	W	H	R	J	K	P	E	J	G
Z	A	W	A	E	S	Y	S	D	F	B	V	H	C	E	B	R	T	K

LOBET DEN HERRN
PALMZWEIG
BUSSE
OSTERSPAZIERGANG
KINDER

FASTENZEIT
FREUDE
OSTEREIER
KIRCHE
HUEHNER

Lösung

S M I S Y F X A I J K T Y N Z V P A C
S I W Y P E F H K P M T L N O E W G K
C F L E L J N G A E B F Y L R Y M H J
I Z G X P M K L V K W N O S J K D B E
T B V K K I M S C T L X J P V M B Q D
K D C R N Z H X I J U F T W X Z B C D
F R J D W E C Q T E Q X Y W F K I W N
L V E E D H J G C T W Q Y L W Y M Q I
M R I G N A G R E I Z A P S R E T S O
T G N G C V E P L U H K V I R V D J U
O N U F O S E C R X N Z J T Q N K F X
N U S B K H N G T F A S T E N Z E I T
P X S L V K N D K M M O B Q W D H Y S
A R E Y G R V R F Y T G Y F F D H K G
O R R Y N E X E R D V I A X Q E F B O
J Y E N N I Q Z Q E N D Z T T V T D L
K J N H T E T U D O H E R A E N W Z M
R X H H I R U Y F R E U D E M S L R M
L X E C K E U G S Q I E U C M L S T J
S X U F I T J X O R X I M L C R M U S
X K H G R S Y I M X S C N L O H V Q B
O B B F C O X V N B A H B K M B D E H
N V K U H F W F E A W H R J K P E J G
Z A W A E S Y S D F B V H C E B R T K

U	N	E	N	C	Q	N	N	I	U	M	L	Z	B	I	E	N	G	D
M	S	Z	J	Z	G	N	Y	C	M	M	K	U	B	F	L	E	I	D
X	O	W	H	U	K	I	A	D	E	W	S	R	H	V	A	E	B	W
A	H	U	M	G	W	S	Z	C	N	O	B	J	V	K	R	P	R	N
Y	L	N	D	B	P	H	C	A	R	S	H	O	Y	G	U	E	A	N
N	K	O	O	U	E	O	A	F	F	A	P	O	N	F	I	U	F	R
V	B	R	O	T	F	R	H	P	T	S	Y	E	J	P	H	V	R	D
Y	I	W	D	W	A	F	B	N	X	O	Q	S	K	I	K	H	H	M
N	C	E	M	N	E	D	P	I	I	N	T	T	M	T	P	O	E	I
L	V	I	W	H	K	D	H	V	I	C	R	E	Y	E	V	C	M	F
E	V	Q	I	M	J	Z	R	O	W	S	Y	R	P	A	R	F	C	I
H	K	N	T	I	R	T	U	N	B	Z	J	L	W	I	E	I	W	Q
C	Y	K	E	S	E	U	E	A	G	J	F	I	X	G	B	L	E	Y
E	F	L	B	B	F	B	S	F	B	Y	P	C	C	K	F	F	C	J
A	C	H	A	S	E	N	O	H	R	E	N	H	Q	E	I	Q	F	G
L	S	W	Q	R	E	T	T	E	A	L	B	N	E	T	E	U	L	B
M	Z	F	L	D	O	S	T	E	R	E	S	S	E	N	R	I	Z	X
Y	I	W	Q	D	I	Z	B	U	T	K	U	L	I	T	S	C	H	H
C	F	R	D	H	X	V	Z	N	T	W	B	G	G	W	R	Q	L	R
V	J	Q	L	F	C	Q	T	P	L	Y	A	Q	N	Q	F	S	H	J
S	V	W	M	N	L	W	C	I	M	A	R	R	N	R	V	Z	S	F
T	E	L	L	E	R	F	U	S	C	Y	B	A	Y	N	E	L	M	U
V	Y	Q	N	Z	I	A	E	G	A	T	R	E	I	E	F	M	U	I
Y	S	C	E	I	A	U	E	I	M	S	F	T	L	S	T	E	V	O

12

OSTERESSEN
TELLER
LAECHELN
FROHSINN
FEIERTAGE

MEHRFARBIG
KULITSCH BROT
BLUETENBLAETTER
HASENOHREN
OESTERLICH

Lösung

U	N	E	N	C	Q	N	N	I	U	M	L	Z	B	I	E	N	G	D
M	S	Z	J	Z	G	N	Y	C	M	M	K	U	B	F	L	E	I	D
X	O	W	H	U	K	I	A	D	E	W	S	R	H	V	A	E	B	W
A	H	U	M	G	W	S	Z	C	N	O	B	J	V	K	R	P	R	N
Y	L	N	D	B	P	H	C	A	R	S	H	O	Y	G	U	E	A	N
N	K	O	O	U	E	O	A	F	F	A	P	O	N	F	I	U	F	R
V	B	R	O	T	F	R	H	P	T	S	Y	E	J	P	H	V	R	D
Y	I	W	D	W	A	F	B	N	X	O	Q	S	K	I	K	H	H	M
N	C	E	M	N	E	D	P	I	I	N	T	T	M	T	P	O	E	I
L	V	I	W	H	K	D	H	V	I	C	R	E	Y	E	V	C	M	F
E	V	Q	I	M	J	Z	R	O	W	S	Y	R	P	A	R	F	C	I
H	K	N	T	I	R	T	U	N	B	Z	J	L	W	I	E	I	W	Q
C	Y	K	E	S	E	U	E	A	G	J	F	I	X	G	B	L	E	Y
E	F	L	B	B	F	B	S	F	B	Y	P	C	C	K	F	F	C	J
A	C	H	A	S	E	N	O	H	R	E	N	H	Q	E	I	Q	F	G
L	S	W	Q	R	E	T	T	E	A	L	B	N	E	T	E	U	L	B
M	Z	F	L	D	O	S	T	E	R	E	S	S	E	N	R	I	Z	X
Y	I	W	Q	D	I	Z	B	U	T	K	U	L	I	T	S	C	H	H
C	F	R	D	H	X	V	Z	N	T	W	B	G	G	W	R	Q	L	R
V	J	Q	L	F	C	Q	T	P	L	Y	A	Q	N	Q	F	S	H	J
S	V	W	M	N	L	W	C	I	M	A	R	R	N	R	V	Z	S	F
T	E	L	L	E	R	F	U	S	C	Y	B	A	Y	N	E	L	M	U
V	Y	Q	N	Z	I	A	E	G	A	T	R	E	I	E	F	M	U	I
Y	S	C	E	I	A	U	E	I	M	S	F	T	L	S	T	E	V	O

M	B	U	U	H	E	A	I	Y	E	J	W	S	T	K	N	P	J	C
O	G	G	C	K	D	J	B	M	R	I	S	I	J	I	H	A	I	O
G	C	Z	C	Y	Q	G	D	S	Z	M	S	D	V	Y	H	M	Y	T
F	J	I	V	M	A	F	A	X	D	T	L	Z	O	H	E	C	U	L
V	Q	E	Z	O	N	D	Y	Z	X	T	O	N	K	P	X	W	G	N
Z	A	S	R	L	I	F	O	M	E	G	S	U	X	U	Y	R	N	N
O	O	F	K	D	E	Y	S	X	T	U	T	O	P	X	Y	T	I	A
E	P	K	F	C	N	S	T	L	U	K	E	S	I	V	L	P	H	E
U	H	E	B	U	I	Q	E	Z	I	T	R	T	C	R	T	P	Y	C
D	S	B	U	F	L	J	R	J	R	U	T	E	W	L	Y	G	M	H
P	N	M	O	A	D	J	B	I	T	U	A	R	O	L	H	I	U	S
F	M	E	R	S	L	F	R	C	G	A	S	M	P	S	Z	V	J	T
E	S	O	B	Z	F	T	A	A	O	M	S	E	P	S	J	N	T	E
D	O	L	U	A	Q	A	U	K	Z	V	E	S	E	B	M	Y	N	N
N	S	H	W	Q	N	A	C	E	P	P	C	S	P	P	P	T	M	L
I	T	T	O	P	Y	N	H	N	G	Y	B	E	A	U	Z	L	L	I
E	E	M	K	F	I	O	O	M	G	P	X	S	L	M	M	P	A	E
M	R	I	X	D	O	J	P	S	W	E	I	D	E	N	K	O	R	B
E	F	Z	T	M	O	S	T	E	R	F	E	I	E	R	T	A	G	E
G	E	G	Q	L	P	V	V	H	F	E	P	A	R	Z	F	Z	V	J
B	S	L	Y	J	E	K	W	Q	W	S	T	G	B	U	F	K	F	O
E	T	N	E	I	N	G	V	Y	V	T	A	S	L	C	T	S	O	Z
F	C	Q	T	Z	F	N	O	B	N	O	B	M	O	E	R	F	F	F
C	Z	J	F	V	L	R	O	F	C	F	E	L	H	B	O	R	F	C

13

WEIDENKORB
OSTERFEIERTAG
OSTERBRAUCH
BONBON
NAECHSTENLIEBE
GEMEINDE
OSTERMESSE
OSTERTASSE
OSTERFEST
OSTERSONNABEND

Lösung

M	B	U	U	H	E	A	I	Y	E	J	W	S	T	K	N	P	J	C
O	G	G	C	K	D	J	B	M	R	I	S	I	J	I	H	A	I	O
G	C	Z	C	Y	Q	G	D	S	Z	M	S	D	V	Y	H	M	Y	T
F	J	I	V	M	A	F	A	X	D	T	L	Z	O	H	E	C	U	L
V	Q	E	Z	O	N	D	Y	Z	X	T	O	N	K	P	X	W	G	N
Z	A	S	R	L	I	F	O	M	E	G	S	U	X	U	Y	R	N	N
O	O	F	K	D	E	Y	S	X	T	U	T	O	P	X	Y	T	I	A
E	P	K	F	C	N	S	T	L	U	K	E	S	I	V	L	P	H	E
U	H	E	B	U	I	Q	E	Z	I	T	R	T	C	R	T	P	Y	C
D	S	B	U	F	L	J	R	J	R	U	T	E	W	L	Y	G	M	H
P	N	M	O	A	D	J	B	I	T	U	A	R	O	L	H	I	U	S
F	M	E	R	S	L	F	R	C	G	A	S	M	P	S	Z	V	J	T
E	S	O	B	Z	F	T	A	A	O	M	S	E	P	S	J	N	T	E
D	O	L	U	A	Q	A	U	K	Z	V	E	S	E	B	M	Y	N	N
N	S	H	W	Q	N	A	C	E	P	P	C	S	P	P	P	T	M	L
I	T	T	O	P	Y	N	H	N	G	Y	B	E	A	U	Z	L	L	I
E	E	M	K	F	I	O	O	M	G	P	X	S	L	M	M	P	A	E
M	R	I	X	D	O	J	P	S	W	E	I	D	E	N	K	O	R	B
E	F	Z	T	M	O	S	T	E	R	F	E	I	E	R	T	A	G	E
G	E	G	Q	L	P	V	V	H	F	E	P	A	R	Z	F	Z	V	J
B	S	L	Y	J	E	K	W	Q	W	S	T	G	B	U	F	K	F	O
E	T	N	E	I	N	G	V	Y	V	T	A	S	L	C	T	S	O	Z
F	C	Q	T	Z	F	N	O	B	N	O	B	M	O	E	R	F	F	F
C	Z	J	F	V	L	R	O	F	C	F	E	L	H	B	O	R	F	C

Z	R	W	Q	A	K	S	V	Z	Z	F	M	M	L	M	X	X	C	K
N	G	P	Q	D	W	H	R	S	J	F	H	Z	A	E	A	Y	E	J
Q	T	O	K	A	F	F	E	E	X	M	H	Y	S	P	A	K	S	J
I	S	P	R	L	T	A	D	L	G	T	P	F	O	V	B	O	C	O
H	N	Y	K	B	O	I	G	R	P	Y	L	G	V	W	O	R	G	G
J	E	H	U	U	I	K	X	A	G	K	P	Z	D	O	T	X	S	V
B	I	G	Y	J	G	A	J	T	R	K	Y	M	A	S	H	C	R	Q
U	D	F	L	H	E	C	H	E	U	U	H	G	V	T	B	B	H	H
T	S	N	W	X	V	P	D	C	B	Q	T	D	R	E	V	Y	O	Y
N	E	O	E	O	W	O	H	Z	Y	I	H	A	O	R	R	F	M	C
V	T	S	G	O	E	E	P	Y	X	T	F	E	N	M	F	H	V	T
X	T	T	C	I	N	B	U	X	K	L	O	J	V	A	D	W	S	Q
D	O	E	I	W	K	S	W	X	L	J	V	K	J	E	P	U	P	P
C	G	R	G	E	S	C	H	E	N	K	E	P	A	D	I	S	T	V
O	U	M	O	I	A	L	L	K	W	D	X	G	T	C	C	S	P	O
M	A	O	D	S	V	W	R	I	M	C	T	Q	K	H	O	S	X	K
G	W	N	C	D	W	B	Q	V	A	Q	N	H	R	E	E	W	U	Z
J	E	T	P	D	C	E	G	F	K	Y	B	Z	Z	N	K	N	H	S
G	N	A	O	P	J	W	H	H	I	J	V	B	A	B	D	K	M	K
V	D	G	Z	N	C	M	B	H	G	N	U	N	F	F	O	H	K	K
Z	B	B	A	X	I	L	L	A	W	C	S	O	I	B	R	U	K	J
X	Y	G	A	T	S	R	E	N	N	O	D	N	E	U	R	G	L	Y
X	B	U	S	T	G	J	C	I	U	L	H	U	U	O	F	S	O	K
B	C	Z	D	T	Y	K	O	N	O	S	T	E	R	D	E	K	O	G

URBI ET ORBI
GRUENDONNERSTAG
KAFFEE UND KUCHEN
GOTTESDIENST
OSTERMONTAG

OSTERMAEDCHEN
NATUR
HOFFNUNG
GESCHENKE
OSTERDEKO

Lösung

Z R W Q A K S V Z Z F M M L M X X C K
N G P Q D W H R S J F H Z A E A Y E J
Q T O K A F F E E X M H Y S P A K S J
I S P R L T A D L G T P F O V B O C O
H N Y K B O I G R P Y L G V W O R G G
J E H U U I K X A G K P Z D O T X S V
B I G Y J G A J T R K Y M A S H C R Q
U D F L H E C H E U U H G V T B B H H
T S N W X V P D C B Q T D R E V Y O Y
N E O E O W O H Z Y I H A O R R F M C
V T S G O E E P Y X T F E N M F H V T
X T T C I N B U X K L O J V A D W S Q
D O E I W K S W X L J V K J E P U P P
C G R G E S C H E N K E P A D I S T V
O U M O I A L L K W D X G T C C S P O
M A O D S V W R I M C T Q K H O S X K
G W N C D W B Q V A Q N H R E E W U Z
J E T P D C E G F K Y B Z Z N K N H S
G N A O P J W H H I J V B A B D K M K
V D G Z N C M B H G N U N F F O H K K
Z B B A X I L L A W C S O I B R U K J
X Y G A T S R E N N O D N E U R G L Y
X B U S T G J C I U L H U U O F S O K
B C Z D T Y K O N O S T E R D E K O G

V	K	P	A	R	K	T	F	I	L	L	B	H	U	U	L	M	U	I
T	F	R	O	H	E	A	S	L	U	Z	O	F	O	A	O	C	S	B
D	O	O	G	G	Z	T	T	M	O	H	M	W	S	Z	L	B	G	Z
T	D	J	L	E	T	L	X	H	Q	W	H	R	T	N	W	O	U	A
B	T	H	K	H	X	J	N	I	O	Q	E	I	E	A	B	K	C	I
R	W	H	X	T	I	I	O	F	P	Y	Z	P	R	R	L	E	G	V
S	Y	I	S	B	X	U	Y	A	S	W	W	V	V	K	U	R	O	T
F	H	A	F	E	M	B	K	Q	O	Z	N	Y	E	R	E	Z	D	C
S	L	J	C	M	Q	G	T	B	R	O	G	O	R	E	H	E	V	F
O	G	T	H	I	Q	W	A	I	J	U	S	D	K	T	E	N	U	R
U	M	Y	F	O	Q	U	O	P	M	T	P	H	E	S	N	Y	G	C
P	W	P	M	S	D	O	V	C	E	N	D	E	H	O	D	E	T	O
M	F	A	C	T	Z	A	X	R	G	W	J	E	R	R	E	M	O	F
Y	X	E	U	E	Y	T	N	K	U	M	K	F	N	I	T	U	R	Z
P	U	Z	L	R	I	J	Q	M	I	D	J	Y	E	L	F	L	B	X
R	O	O	B	N	C	A	I	H	U	W	W	B	Z	L	E	B	R	J
D	Z	I	I	E	E	R	G	T	T	U	P	O	P	K	M	R	E	Z
H	O	B	O	S	Z	L	Z	G	Y	R	W	L	D	W	U	E	T	X
X	M	K	I	T	M	V	N	G	D	N	T	T	W	I	E	T	S	P
V	E	W	C	V	T	B	L	R	A	L	W	U	Q	O	A	S	O	U
U	T	I	I	U	P	Z	E	X	Q	T	C	J	V	T	B	O	V	W
S	X	O	S	T	E	R	G	E	S	A	N	G	X	Z	R	Y	P	P
X	T	R	M	K	M	V	F	E	J	C	P	S	D	A	H	S	X	R
S	G	K	O	W	H	Z	I	F	M	I	L	C	D	C	Q	D	N	P

15

OSTERNEST
FROHE OSTERN
OSTERVERKEHR
KERZEN
PARK

OSTERGESANG
OSTERKRANZ
BLUEHENDE BAEUME
OSTERBLUME
OSTERBROT

Lösung

V	K	P	A	R	K	T	F	I	L	L	B	H	U	U	L	M	U	I
T	F	R	O	H	E	A	S	L	U	Z	O	F	O	A	O	C	S	B
D	O	O	G	G	Z	T	T	M	O	H	M	W	S	Z	L	B	G	Z
T	D	J	L	E	T	L	X	H	Q	W	H	R	T	N	W	O	U	A
B	T	H	K	H	X	J	N	I	O	Q	E	I	E	A	B	K	C	I
R	W	H	X	T	I	I	O	F	P	Y	Z	P	R	R	L	E	G	V
S	Y	I	S	B	X	U	Y	A	S	W	W	V	V	K	U	R	O	T
F	H	A	F	E	M	B	K	Q	O	Z	N	Y	E	R	E	Z	D	C
S	L	J	C	M	Q	G	T	B	R	O	G	O	R	E	H	E	V	F
O	G	T	H	I	Q	W	A	I	J	U	S	D	K	T	E	N	U	R
U	M	Y	F	O	Q	U	O	P	M	T	P	H	E	S	N	Y	G	C
P	W	P	M	S	D	O	V	C	E	N	D	E	H	O	D	E	T	O
M	F	A	C	T	Z	A	X	R	G	W	J	E	R	R	E	M	O	F
Y	X	E	U	E	Y	T	N	K	U	M	K	F	N	I	T	U	R	Z
P	U	Z	L	R	I	J	Q	M	I	D	J	Y	E	L	F	L	B	X
R	O	O	B	N	C	A	I	H	U	W	W	B	Z	L	E	B	R	J
D	Z	I	I	E	E	R	G	T	T	U	P	O	P	K	M	R	E	Z
H	O	B	O	S	Z	L	Z	G	Y	R	W	L	D	W	U	E	T	X
X	M	K	I	T	M	V	N	G	D	N	T	T	W	I	E	T	S	P
V	E	W	C	V	T	B	L	R	A	L	W	U	Q	O	A	S	O	U
U	T	I	I	U	P	Z	E	X	Q	T	C	J	V	T	B	O	V	W
S	X	O	S	T	E	R	G	E	S	A	N	G	X	Z	R	Y	P	P
X	T	R	M	K	M	V	F	E	J	C	P	S	D	A	H	S	X	R
S	G	K	O	W	H	Z	I	F	M	I	L	C	D	C	Q	D	N	P

P	X	J	B	D	I	F	O	J	V	R	V	V	L	V	M	H	B	Y
Q	B	U	T	V	M	P	L	D	L	G	P	J	L	Y	G	A	D	R
L	G	F	U	E	J	C	I	W	C	M	Y	A	N	M	F	J	N	J
S	Z	O	Y	J	E	I	O	R	D	I	F	H	S	W	R	B	N	Z
D	W	V	B	W	A	B	H	J	W	S	F	D	X	D	T	X	A	B
F	A	O	S	C	H	M	E	T	T	E	R	L	I	N	G	E	I	D
Y	N	J	B	O	H	Q	C	F	S	I	F	Q	L	C	Z	S	P	P
N	S	V	M	L	Z	E	V	Y	P	R	W	D	T	K	R	G	G	N
S	B	O	V	H	T	I	J	V	C	L	D	C	C	F	Q	S	N	D
B	S	Y	H	W	F	B	H	Z	D	P	V	Q	A	Y	E	E	U	N
O	R	D	G	S	O	K	A	R	M	E	T	T	E	V	C	R	G	B
J	J	P	E	S	T	L	O	B	M	Y	S	R	E	T	S	O	I	B
S	A	D	S	U	U	X	I	S	Y	H	P	S	S	T	K	L	Z	W
H	P	R	C	K	B	T	B	G	P	K	K	R	B	K	M	D	U	U
I	O	Z	H	R	J	E	X	N	A	E	A	N	U	X	M	O	E	Z
P	S	W	E	E	P	G	J	T	K	T	R	N	A	Y	S	Y	R	V
B	T	U	N	T	I	G	Q	L	A	J	R	F	C	T	D	J	K	H
X	E	A	K	S	Z	S	B	X	N	F	Y	E	E	P	V	X	D	N
V	L	S	M	O	J	K	P	Z	A	L	Y	R	T	P	O	C	M	W
E	J	Y	X	J	V	O	I	W	O	D	H	O	X	S	N	N	F	J
Q	A	V	I	S	Q	R	A	I	D	A	W	L	P	R	O	T	K	I
X	V	U	I	D	N	X	R	R	S	R	H	K	G	U	L	K	Q	U
Y	G	M	N	N	Z	J	K	E	C	G	Y	T	E	H	E	A	H	V
L	T	N	R	E	K	M	F	P	L	H	T	D	Y	B	X	O	J	U

16

GESCHENK
OSTERKUSS
KARMETTE
KREUZIGUNG
KEKSE

OSTERTAG
APOSTEL
SCHMETTERLINGE
OSTERHASE
OSTERSYMBOL

Lösung

P X J B D I F O J V R V V L V M H B Y
Q B U T V M P L D L G P J L Y G A D R
L G F U E J C I W C M Y A N M F J N J
S Z O Y J E I O R D I F H S W R B N Z
D W V B W A B H J W S F D X D T X A B
F A O S C H M E T T E R L I N G E I D
Y N J B O H Q C F S I F Q L C Z S P P
N S V M L Z E V Y P R W D T K R G G N
S B O V H T I J V C L D C C F Q S N D
B S Y H W F B H Z D P V Q A Y E E U N
O R D G S O K A R M E T T E V C R G B
J J P E S T L O B M Y S R E T S O I B
S A D S U U X I S Y H P S S T K L Z W
H P R C K B T B G P K K R B K M D U U
I O Z H R J E X N A E A N U X M O E Z
P S W E E P G J T K T R N A Y S Y R V
B T U N T I G Q L A J R F C T D J K H
X E A K S Z S B X N F Y E E P V X D N
V L S M O J K P Z A L Y R T P O C M W
E J Y X J V O I W O D H O X S N N F J
Q A V I S Q R A I D A W L P R O T K I
X V U I D N X R R S R H K G U L K Q U
Y G M N N Z J K E C G Y T E H E A H V
L T N R E K M F P L H T D Y B X O J U

R	Z	E	H	L	F	I	P	F	W	L	U	K	H	E	O	T	Q	J
R	C	A	U	F	E	R	S	T	E	H	U	N	G	U	M	I	T	Y
C	L	E	H	T	P	G	V	W	G	W	Y	E	H	I	Q	N	W	P
N	U	X	U	G	R	U	S	S	K	A	R	T	E	J	K	O	F	P
R	J	D	O	L	N	Q	A	X	K	I	M	Y	C	W	N	G	L	R
X	Z	K	G	B	N	P	O	X	K	T	K	F	G	V	S	S	E	L
Z	X	V	V	W	F	D	R	P	L	I	B	D	E	O	C	Z	D	R
K	F	Y	Y	G	B	Z	P	C	L	B	O	E	F	I	O	W	E	R
O	C	V	P	A	U	R	R	B	K	T	U	Y	L	D	X	C	W	R
M	V	E	N	C	K	Z	J	Q	P	V	Q	V	W	T	W	N	M	P
B	O	D	A	V	R	E	T	G	I	Z	U	E	R	K	E	G	L	G
G	W	O	K	B	M	E	C	H	S	Y	M	K	W	O	I	N	A	I
G	C	Y	P	D	E	I	Z	I	A	O	Y	Y	P	E	X	C	P	W
D	V	D	Z	T	H	G	B	T	S	D	U	B	W	D	J	L	B	G
V	M	L	R	G	F	W	R	T	T	G	V	Z	F	O	D	C	O	L
K	Z	T	F	U	D	G	E	E	J	Z	R	A	J	R	A	Q	H	M
P	N	Y	F	R	F	R	D	B	T	E	G	E	Q	G	P	S	L	E
F	A	G	T	J	K	A	N	O	T	S	Z	X	G	Y	E	U	E	I
M	Z	M	W	I	L	Y	J	S	W	F	O	Y	G	T	N	O	P	M
J	C	P	R	V	R	U	O	E	H	E	R	Z	L	I	C	H	D	K
L	M	C	B	K	U	S	B	F	Z	I	Q	O	L	E	Z	V	Q	Z
R	H	S	T	R	P	G	A	P	H	Y	A	Z	I	N	T	H	E	N
E	F	E	S	N	X	W	G	X	S	Q	F	K	X	W	Y	N	C	J
Q	H	O	R	T	M	E	S	U	M	Z	N	H	Z	U	G	B	J	J

17

HERZLICH
OSTERZWEIG
GRUSSKARTE
HYAZINTHEN
GEKREUZIGTER

AUFERSTEHUNG
OSTERGEBAECK
OSTERKIRCHE
PALMWEDEL
BOHLE

Lösung

R Z E H L F I P F W L U K H E O T Q J

R C A U F E R S T E H U N G U M I T Y

C L E H T P G V W G W Y E H I Q N W P

N U X U G R U S S K A R T E J K O F P

R J D O L N Q A X K I M Y C W N G L R

X Z K G B N P O X K T K F G V S S E L

Z X V V W F D R P L I B D E O C Z D R

K F Y Y G B Z P C L B O E F I O W E R

O C V P A U R R B K T U Y L D X C W R

M V E N C K Z J Q P V Q V W T W N M P

B O D A V R E T G I Z U E R K E G L G

G W O K B M E C H S Y M K W O I N A I

G C Y P D E I Z I A O Y Y P E X C P W

D V D Z T H G B T S D U B W D J L B G

V M L R G F W R T T G V Z F O D C O L

K Z T F U D G E E J Z R A J R A Q H M

P N Y F R F R D B T E G E Q G P S L E

F A G T J K A N O T S Z X G Y E U E I

M Z M W I L Y J S W F O Y G T N O P M

J C P R V R U O E H E R Z L I C H D K

L M C B K U S B F Z I Q O L E Z V Q Z

R H S T R P G A P H Y A Z I N T H E N

E F E S N X W G X S Q F K X W Y N C J

Q H O R T M E S U M Z N H Z U G B J J

J	N	K	W	Z	C	B	C	E	F	A	L	I	H	V	A	G	G	K
K	C	F	R	W	X	O	Q	A	Q	H	L	A	S	U	R	W	K	J
Y	A	A	P	F	X	R	C	L	N	W	A	H	R	C	H	F	X	J
Y	F	I	F	T	J	G	I	E	Y	X	I	T	X	K	L	X	X	F
O	D	Y	R	N	M	W	G	M	U	G	C	R	L	N	Z	K	V	J
B	B	A	E	A	X	I	O	L	C	S	L	B	U	W	M	I	V	P
P	W	X	V	N	D	R	F	W	H	O	T	O	S	N	Z	U	T	D
H	P	K	W	A	G	Y	S	E	U	X	I	T	M	U	N	K	S	Y
Y	B	S	N	E	O	P	L	J	B	K	N	G	H	E	D	T	E	V
G	U	G	N	Y	I	Z	Y	Q	K	V	X	H	C	V	Y	S	T	K
H	E	V	R	N	N	D	B	E	N	F	I	X	V	A	Y	Y	P	U
B	G	M	B	S	M	R	E	L	K	L	Y	F	H	B	O	K	R	I
P	V	W	C	I	K	T	L	Q	V	B	R	A	F	W	H	Z	M	T
Q	K	Z	F	Z	L	H	A	M	P	H	K	Z	E	H	G	R	C	B
T	W	C	O	S	T	E	R	I	N	S	E	L	X	R	L	O	O	Q
O	J	C	A	S	Z	G	O	O	N	Y	I	U	Z	G	Y	K	O	S
V	V	G	Q	O	K	A	S	M	P	Z	U	M	U	H	Y	I	E	P
B	J	B	O	W	E	T	W	Y	N	E	I	R	E	F	F	N	V	H
N	N	S	F	N	E	H	C	T	R	E	O	T	G	E	C	D	C	T
Y	Z	F	C	R	Y	R	I	L	Z	M	N	G	Y	C	R	E	N	P
W	V	K	P	P	V	J	Y	B	C	A	M	T	A	G	J	R	R	G
J	G	U	J	Y	B	O	S	T	E	R	H	A	H	N	Y	D	D	C
F	T	W	H	E	V	E	W	N	B	B	H	S	G	I	W	B	F	R
Z	O	S	T	E	R	K	A	N	T	A	T	E	L	P	W	W	C	A

TOERTCHEN
BEGNADIGEN
OSTERHAHN
MORGEN
FERIEN

KINDER
OSTERINSEL
OSTERPUTZ
MAHL
OSTERKANTATE

Lösung

J	N	K	W	Z	C	B	C	E	F	A	L	I	H	V	A	G	G	K
K	C	F	R	W	X	O	Q	A	Q	H	L	A	S	U	R	W	K	J
Y	A	A	P	F	X	R	C	L	N	W	A	H	R	C	H	F	X	J
Y	F	I	F	T	J	G	I	E	Y	X	I	T	X	K	L	X	X	F
O	D	Y	R	N	M	W	G	M	U	G	C	R	L	N	Z	K	V	J
B	B	A	E	A	X	I	O	L	C	S	L	B	U	W	M	I	V	P
P	W	X	V	N	D	R	F	W	H	O	T	O	S	N	Z	U	T	D
H	P	K	W	A	G	Y	S	E	U	X	I	T	M	U	N	K	S	Y
Y	B	S	N	E	O	P	L	J	B	K	N	G	H	E	D	T	E	V
G	U	G	N	Y	I	Z	Y	Q	K	V	X	H	C	V	Y	S	T	K
H	E	V	R	N	N	D	B	E	N	F	I	X	V	A	Y	Y	P	U
B	G	M	B	S	M	R	E	L	K	L	Y	F	H	B	O	K	R	I
P	V	W	C	I	K	T	L	Q	V	B	R	A	F	W	H	Z	M	T
Q	K	Z	F	Z	L	H	A	M	P	H	K	Z	E	H	G	R	C	B
T	W	C	O	S	T	E	R	I	N	S	E	L	X	R	L	O	O	Q
O	J	C	A	S	Z	G	O	O	N	Y	I	U	Z	G	Y	K	O	S
V	V	G	Q	O	K	A	S	M	P	Z	U	M	U	H	Y	I	E	P
B	J	B	O	W	E	T	W	Y	N	E	I	R	E	F	F	N	V	H
N	N	S	F	N	E	H	C	T	R	E	O	T	G	E	C	D	C	T
Y	Z	F	C	R	Y	R	I	L	Z	M	N	G	Y	C	R	E	N	P
W	V	K	P	P	V	J	Y	B	C	A	M	T	A	G	J	R	R	G
J	G	U	J	Y	B	O	S	T	E	R	H	A	H	N	Y	D	D	C
F	T	W	H	E	V	E	W	N	B	B	H	S	G	I	W	B	F	R
Z	O	S	T	E	R	K	A	N	T	A	T	E	L	P	W	W	C	A

DAS

GEBURTSTAG

WORTSUCHRÄTSEL BUCH

J	G	A	T	S	T	R	U	B	E	G	F	N	K	B	Q	J	H	I
H	E	P	K	M	H	M	N	E	H	C	U	K	A	U	H	M	M	I
Y	T	R	A	P	S	G	A	T	S	T	R	U	B	E	G	I	S	B
Z	D	W	H	H	B	N	F	E	S	O	Q	S	B	U	U	G	U	I
N	H	U	R	M	V	Q	R	M	C	X	U	K	C	L	S	F	C	A
W	V	U	Y	T	N	Q	G	L	U	E	C	K	W	U	N	S	C	H
R	K	S	M	V	M	N	F	K	S	D	H	W	P	S	V	J	M	X
V	N	M	O	C	H	Q	N	S	K	N	N	R	B	D	E	V	J	S
P	J	P	L	L	X	A	I	A	C	I	F	O	Z	K	L	J	O	R
M	H	L	W	Z	W	G	H	T	W	K	B	A	B	E	N	E	M	F
Y	T	C	M	Y	K	V	R	F	B	S	W	S	D	R	L	J	S	X
Y	G	F	T	E	O	W	Q	A	D	G	U	G	I	Z	X	P	M	U
J	W	P	I	X	K	T	L	F	N	A	P	H	R	E	U	Z	W	Y
O	M	T	U	J	S	L	G	Z	O	T	S	K	M	N	G	R	E	O
D	E	D	M	A	O	Y	E	U	I	S	K	Q	J	V	O	T	I	X
N	F	A	R	N	B	Z	S	I	T	T	M	M	D	C	A	Z	A	M
G	Q	U	S	Y	D	B	C	U	A	R	A	X	S	A	N	M	U	J
R	D	S	K	Y	G	O	H	F	L	U	U	S	V	F	L	E	W	F
H	O	P	O	P	Y	X	E	Y	U	B	X	P	S	E	R	U	C	L
H	B	U	O	U	A	B	N	S	T	E	X	Y	D	G	U	J	M	J
V	X	S	M	H	C	Y	K	X	A	G	N	D	O	O	W	Q	Z	E
T	Q	T	G	I	A	X	E	J	R	L	D	U	E	Z	X	J	K	Q
K	W	E	E	T	M	U	U	E	G	H	X	B	C	U	Q	D	G	I
A	X	N	C	J	J	Z	N	M	I	A	C	O	Q	K	K	J	T	R

1

KUCHEN
BALLONS
GESCHENKE
GEBURTSTAG
GRATULATION

SUESSIGKEITEN
GLUECKWUNSCH
GEBURTSTAGSKIND
KERZEN AUSPUSTEN
GEBURTSTAGSPARTY

Lösung

J	G	A	T	S	T	R	U	B	E	G	F	N	K	B	Q	J	H	I
H	E	P	K	M	H	M	N	E	H	C	U	K	A	U	H	M	M	I
Y	T	R	A	P	S	G	A	T	S	T	R	U	B	E	G	I	S	B
Z	D	W	H	H	B	N	F	E	S	O	Q	S	B	U	U	G	U	I
N	H	U	R	M	V	Q	R	M	C	X	U	K	C	L	S	F	C	A
W	V	U	Y	T	N	Q	G	L	U	E	C	K	W	U	N	S	C	H
R	K	S	M	V	M	N	F	K	S	D	H	W	P	S	V	J	M	X
V	N	M	O	C	H	Q	N	S	K	N	N	R	B	D	E	V	J	S
P	J	P	L	L	X	A	I	A	C	I	F	O	Z	K	L	J	O	R
M	H	L	W	Z	W	G	H	T	W	K	B	A	B	E	N	E	M	F
Y	T	C	M	Y	K	V	R	F	B	S	W	S	D	R	L	J	S	X
Y	G	F	T	E	O	W	Q	A	D	G	U	G	I	Z	X	P	M	U
J	W	P	I	X	K	T	L	F	N	A	P	H	R	E	U	Z	W	Y
O	M	T	U	J	S	L	G	Z	O	T	S	K	M	N	G	R	E	O
D	E	D	M	A	O	Y	E	U	I	S	K	Q	J	V	O	T	I	X
N	F	A	R	N	B	Z	S	I	T	T	M	M	D	C	A	Z	A	M
G	Q	U	S	Y	D	B	C	U	A	R	A	X	S	A	N	M	U	J
R	D	S	K	Y	G	O	H	F	L	U	U	S	V	F	L	E	W	F
H	O	P	O	P	Y	X	E	Y	U	B	X	P	S	E	R	U	C	L
H	B	U	O	U	A	B	N	S	T	E	X	Y	D	G	U	J	M	J
V	X	S	M	H	C	Y	K	X	A	G	N	D	O	O	W	Q	Z	E
T	Q	T	G	I	A	X	E	J	R	L	D	U	E	Z	X	J	K	Q
K	W	E	E	T	M	U	U	E	G	H	X	B	C	U	Q	D	G	I
A	X	N	C	J	J	Z	N	M	I	A	C	O	Q	K	K	J	T	R

N	K	J	X	F	E	G	Y	N	J	B	Y	S	K	E	E	Z	C	Q
I	P	Q	O	D	H	X	U	E	J	O	Q	J	D	C	T	Y	B	F
K	D	B	B	D	H	J	G	U	N	E	B	E	L	L	R	W	P	A
R	N	G	V	O	P	L	A	E	J	X	R	H	W	P	A	I	N	V
D	B	B	C	Z	T	C	Z	R	Q	S	W	I	F	C	K	Z	T	D
E	F	H	C	V	Q	G	G	F	G	Z	Y	I	Y	F	S	R	B	E
S	E	U	M	A	F	J	F	A	R	G	Q	M	A	N	G	S	D	X
V	N	C	R	M	T	E	T	Q	N	E	L	Y	D	E	A	G	K	I
K	L	A	S	A	I	S	X	T	I	L	A	M	Y	S	T	C	G	H
Z	G	L	L	E	T	E	B	R	S	D	S	X	O	I	S	M	L	N
C	R	P	K	R	K	K	N	A	P	G	S	G	V	E	T	A	K	U
P	U	D	U	O	M	D	Y	Q	C	E	E	W	H	R	R	A	W	X
T	Y	B	X	N	A	Z	R	P	D	S	N	I	G	D	U	K	L	K
Y	E	T	A	I	G	S	G	B	P	C	C	G	U	N	B	X	M	K
G	B	N	H	C	I	E	T	X	A	H	I	P	U	E	E	G	A	C
K	Z	A	L	A	J	I	E	T	S	E	A	G	J	N	G	O	I	S
T	G	R	G	M	N	Z	I	X	S	N	I	P	A	E	O	H	R	C
I	P	U	Y	S	P	A	G	S	W	K	K	N	H	H	F	T	F	S
W	N	A	H	X	S	A	A	A	B	A	Q	G	R	C	F	Y	K	L
Z	E	T	X	X	D	G	U	O	P	P	S	F	E	O	V	Y	H	Q
U	B	S	A	A	W	G	O	W	C	K	W	J	S	W	T	X	F	R
U	Q	E	G	O	U	E	I	L	I	M	A	F	T	N	J	Y	A	C
S	R	R	T	B	Q	G	T	Y	E	D	P	X	A	T	S	I	J	O
N	T	J	J	C	L	W	N	I	E	N	Z	N	G	D	D	U	Q	J

GAESTE
FREUEN
FAMILIE
JAHRESTAG
RESTAURANT

GELDGESCHENK
WOCHENENDREISE
GEBURTSTAGSREDE
GEBURTSTAGSKARTE
HOCH LEBEN LASSEN

Lösung

N	K	J	X	F	E	G	Y	N	J	B	Y	S	K	E	E	Z	C	Q
I	P	Q	O	D	H	X	U	E	J	O	Q	J	D	C	T	Y	B	F
K	D	B	B	D	H	J	G	U	N	E	B	E	L	L	R	W	P	A
R	N	G	V	O	P	L	A	E	J	X	R	H	W	P	A	I	N	V
D	B	B	C	Z	T	C	Z	R	Q	S	W	I	F	C	K	Z	T	D
E	F	H	C	V	Q	G	G	F	G	Z	Y	I	Y	F	S	R	B	E
S	E	U	M	A	F	J	F	A	R	G	Q	M	A	N	G	S	D	X
V	N	C	R	M	T	E	T	Q	N	E	L	Y	D	E	A	G	K	I
K	L	A	S	A	I	S	X	T	I	L	A	M	Y	S	T	C	G	H
Z	G	L	L	E	T	E	B	R	S	D	S	X	O	I	S	M	L	N
C	R	P	K	R	K	K	N	A	P	G	S	G	V	E	T	A	K	U
P	U	D	U	O	M	D	Y	Q	C	E	E	W	H	R	R	A	W	X
T	Y	B	X	N	A	Z	R	P	D	S	N	I	G	D	U	K	L	K
Y	E	T	A	I	G	S	G	B	P	C	C	G	U	N	B	X	M	K
G	B	N	H	C	I	E	T	X	A	H	I	P	U	E	E	G	A	C
K	Z	A	L	A	J	I	E	T	S	E	A	G	J	N	G	O	I	S
T	G	R	G	M	N	Z	I	X	S	N	I	P	A	E	O	H	R	C
I	P	U	Y	S	P	A	G	S	W	K	K	N	H	H	F	T	F	S
W	N	A	H	X	S	A	A	A	B	A	Q	G	R	C	F	Y	K	L
Z	E	T	X	X	D	G	U	O	P	P	S	F	E	O	V	Y	H	Q
U	B	S	A	A	W	G	O	W	C	K	W	J	S	W	T	X	F	R
U	Q	E	G	O	U	E	I	L	I	M	A	F	T	N	J	Y	A	C
S	R	R	T	B	Q	G	T	Y	E	D	P	X	A	T	S	I	J	O
N	T	J	J	C	L	W	N	I	E	N	Z	N	G	D	D	U	Q	J

V	R	A	F	U	S	Q	G	A	Z	V	S	Q	Q	Y	Z	Z	O	D
V	Y	B	P	G	E	J	J	J	D	X	B	U	Z	O	E	W	A	F
B	U	J	I	T	L	M	T	H	R	U	C	T	D	Q	R	R	N	K
K	Z	D	R	J	H	M	V	S	N	P	U	Y	N	L	L	Z	I	V
U	N	O	C	K	O	V	R	A	M	E	A	B	X	Q	X	B	C	Y
G	T	G	O	H	U	C	L	T	G	Y	D	I	A	R	H	G	Y	Q
O	M	I	C	A	S	O	R	A	J	O	K	Z	N	V	D	U	T	T
T	P	S	Y	S	L	X	Y	R	B	V	N	E	M	U	L	B	N	S
V	I	P	E	I	W	O	S	P	Y	T	V	O	V	A	A	E	F	I
A	U	F	M	E	R	K	S	A	M	K	E	I	T	W	A	Q	D	B
X	L	J	U	B	I	L	A	E	U	M	L	E	I	Z	Z	R	K	F
D	O	E	I	M	W	W	E	R	I	N	N	E	R	U	N	G	E	N
A	H	Z	H	U	C	J	R	K	I	E	H	K	B	Q	N	A	G	M
F	X	D	O	D	P	P	Z	W	A	B	L	M	I	X	T	N	B	C
H	O	I	M	S	L	A	W	Y	I	B	I	S	S	N	G	P	Y	K
V	B	D	Z	G	B	N	I	O	T	A	Q	H	Y	N	V	G	U	Y
E	I	H	Q	S	F	Q	L	C	A	X	G	N	V	U	P	O	J	F
R	E	E	T	Z	I	O	A	T	O	T	S	J	Z	S	Y	B	X	A
W	L	H	P	G	V	B	C	G	O	Z	F	W	E	Y	A	T	V	B
A	B	R	T	G	W	H	G	X	X	S	S	S	A	P	S	I	N	N
N	V	H	J	A	Q	H	R	W	P	N	E	Z	R	E	K	L	S	F
D	Y	X	O	J	L	H	S	I	Y	A	N	E	B	A	H	O	K	G
T	Z	Q	N	S	S	Y	T	M	T	E	R	S	R	E	I	E	F	Q
E	R	W	C	U	I	L	W	D	B	N	F	E	S	B	P	E	K	S

FEIER
TORTE
KERZEN
BLUMEN
JUBILAEUM

VERWANDTE
SPASS HABEN
ERINNERUNGEN
BLEIB WIE DU BIST
AUFMERKSAMKEIT

Lösung

V	R	A	F	U	S	Q	G	A	Z	V	S	Q	Q	Y	Z	Z	O	D
V	Y	B	P	G	E	J	J	J	D	X	B	U	Z	O	E	W	A	F
B	U	J	I	T	L	M	T	H	R	U	C	T	D	Q	R	R	N	K
K	Z	D	R	J	H	M	V	S	N	P	U	Y	N	L	L	Z	I	V
U	N	O	C	K	O	V	R	A	M	E	A	B	X	Q	X	B	C	Y
G	T	G	O	H	U	C	L	T	G	Y	D	I	A	R	H	G	Y	Q
O	M	I	C	A	S	O	R	A	J	O	K	Z	N	V	D	U	T	T
T	P	S	Y	S	L	X	Y	R	B	V	N	E	M	U	L	B	N	S
V	I	P	E	I	W	O	S	P	Y	T	V	O	V	A	A	E	F	I
A	U	F	M	E	R	K	S	A	M	K	E	I	T	W	A	Q	D	B
X	L	J	U	B	I	L	A	E	U	M	L	E	I	Z	Z	R	K	F
D	O	E	I	M	W	W	E	R	I	N	N	E	R	U	N	G	E	N
A	H	Z	H	U	C	J	R	K	I	E	H	K	B	Q	N	A	G	M
F	X	D	O	D	P	P	Z	W	A	B	L	M	I	X	T	N	B	C
H	O	I	M	S	L	A	W	Y	I	B	I	S	S	N	G	P	Y	K
V	B	D	Z	G	B	N	I	O	T	A	Q	H	Y	N	V	G	U	Y
E	I	H	Q	S	F	Q	L	C	A	X	G	N	V	U	P	O	J	F
R	E	E	T	Z	I	O	A	T	O	T	S	J	Z	S	Y	B	X	A
W	L	H	P	G	V	B	C	G	O	Z	F	W	E	Y	A	T	V	B
A	B	R	T	G	W	H	G	X	X	S	S	S	A	P	S	I	N	N
N	V	H	J	A	Q	H	R	W	P	N	E	Z	R	E	K	L	S	F
D	Y	X	O	J	L	H	S	I	Y	A	N	E	B	A	H	O	K	G
T	Z	Q	N	S	S	Y	T	M	T	E	R	S	R	E	I	E	F	Q
E	R	W	C	U	I	L	W	D	B	N	F	E	S	B	P	E	K	S

F U W U O V Q A Z T P L B C K C S N N
K T W N P N V T E Z U E J X S O G E I
B A I E J Z N B E L W X T J M V A H E
M E O T U T T A S U T N V R K B E C H
I D I U A G B Z M O W E D K O C I U C
A P E G A K M O G H H C R K S W N S S
J S A I I J S O C Q Z Y B Z I S L E T
C P R R L D E I O N Y R I U C Q A B U
X M W Z I S S K Q M E H F Q C Q D X G
K B O H Y K G I M J N F B S Q U U L U
S W T U M O V A T Z S E S D U E N V H
K C C E J P C T T J F L H L C O G I Q
B N T F A A I V Q S C N A C F S O S R
T S R E G E L E H O T S I N S P I V H
P S B A S F C A J F S R X A D N I E A
S M T H K H C Y D E Q A U V P V E V J
F B L R U W G I N N W G W B L N M U Q
M K B U H Y B K P F L A Q B E P P C W
U L P L Q M R I J O F M I A S G W H E
L A Z U V S W U B A W Y V V T E T Z Q
A I D O T S F W A J Y C G R K Z L G C
Y B E A N S P R A C H E X N L O B L E
R S H B N R E I E F A G V R N J A Z A
N E S S E M B R J K G D J R T J N V G

EIS ESSEN
BESUCHEN
GUTSCHEIN
GEBURTSTAGSLIED
ALLES GUTE WUENSCHEN

ANSPRACHE
EINLADUNG
LIEBE WORTE
EIN JAHR AELTER
SICH FEIERN LASSEN

Lösung

F	U	W	U	O	V	Q	A	Z	T	P	L	B	C	K	C	S	N	N
K	T	W	N	P	N	V	T	E	Z	U	E	J	X	S	O	G	E	I
B	A	I	E	J	Z	N	B	E	L	W	X	T	J	M	V	A	H	E
M	E	O	T	U	T	T	A	S	U	T	N	V	R	K	B	E	C	H
I	D	I	U	A	G	B	Z	M	O	W	E	D	K	O	C	I	U	C
A	P	E	G	A	K	M	O	G	H	H	C	R	K	S	W	N	S	S
J	S	A	I	I	J	S	O	C	Q	Z	Y	B	Z	I	S	L	E	T
C	P	R	R	L	D	E	I	O	N	Y	R	I	U	C	Q	A	B	U
X	M	W	Z	I	S	S	K	Q	M	E	H	F	Q	C	Q	D	X	G
K	B	O	H	Y	K	G	I	M	J	N	F	B	S	Q	U	U	L	U
S	W	T	U	M	O	V	A	T	Z	S	E	S	D	U	E	N	V	H
K	C	C	E	J	P	C	T	T	J	F	L	H	L	C	O	G	I	Q
B	N	T	F	A	A	I	V	Q	S	C	N	A	C	F	S	O	S	R
T	S	R	E	G	E	L	E	H	O	T	S	I	N	S	P	I	V	H
P	S	B	A	S	F	C	A	J	F	S	R	X	A	D	N	I	E	A
S	M	T	H	K	H	C	Y	D	E	Q	A	U	V	P	V	E	V	J
F	B	L	R	U	W	G	I	N	N	W	G	W	B	L	N	M	U	Q
M	K	B	U	H	Y	B	K	P	F	L	A	Q	B	E	P	P	C	W
U	L	P	L	Q	M	R	I	J	O	F	M	I	A	S	G	W	H	E
L	A	Z	U	V	S	W	U	B	A	W	Y	V	V	T	E	T	Z	Q
A	I	D	O	T	S	F	W	A	J	Y	C	G	R	K	Z	L	G	C
Y	B	E	A	N	S	P	R	A	C	H	E	X	N	L	O	B	L	E
R	S	H	B	N	R	E	I	E	F	A	G	V	R	N	J	A	Z	A
N	E	S	S	E	M	B	R	J	K	G	D	J	R	T	J	N	V	G

S	D	P	V	K	E	R	H	S	Q	Q	N	R	F	F	D	Z	Z	D
L	G	T	W	T	V	U	H	N	A	P	Y	D	U	M	U	E	C	O
J	A	P	A	F	F	N	X	K	E	D	N	E	A	H	W	R	S	P
H	L	N	C	G	R	S	V	R	G	S	Y	U	Q	L	E	E	Z	T
U	O	J	X	Q	B	E	Y	E	G	E	Y	W	J	I	F	M	C	M
R	C	K	Z	N	W	D	U	Z	H	Z	L	B	U	E	A	O	R	S
Q	Z	P	E	O	Q	F	B	N	S	E	A	C	R	B	E	N	U	E
J	P	N	J	E	T	S	L	K	D	P	U	Z	H	L	O	I	D	X
B	V	L	N	K	R	U	S	Y	V	E	J	G	A	I	I	E	O	D
I	O	T	G	I	D	P	T	B	Q	T	A	X	N	N	N	H	H	K
A	N	D	F	T	N	V	V	I	I	N	F	M	E	G	E	A	Y	F
V	I	C	N	W	E	F	E	N	E	O	U	G	S	E	M	P	A	Q
H	E	J	E	C	B	M	A	G	H	A	W	D	S	M	H	P	D	H
P	R	S	N	P	E	F	Z	A	C	T	E	R	O	U	E	Y	H	Q
S	F	W	I	T	G	Q	I	N	S	W	T	E	T	S	N	A	T	M
Q	C	G	E	A	S	E	W	C	N	D	R	I	S	I	L	N	R	Y
W	R	H	T	H	U	W	U	B	E	U	D	N	N	K	U	Y	I	O
D	H	W	U	E	A	S	C	E	U	L	U	L	A	N	M	C	B	N
F	Z	N	I	E	A	Z	T	V	W	G	O	A	B	S	L	O	N	L
N	E	N	M	T	T	Z	B	Z	L	P	L	D	J	J	X	P	O	C
G	E	C	L	I	A	T	Z	A	N	Y	Y	E	V	J	U	N	Y	P
N	K	Y	Y	F	V	H	E	K	E	R	N	N	F	F	C	L	Z	J
D	C	W	N	Y	F	G	A	L	U	O	G	S	F	G	S	V	O	W
V	H	I	K	P	R	J	V	L	N	I	K	S	F	L	T	E	X	A

5

FREUNDE
EINLADEN
WUENSCHE
ZEREMONIE
ANSTOSSEN

LIEBLINGEMUSIK
HAPPY BIRTHDAY
EINEN AUSGEBEN
HAENDE SCHUETTELN
EINEN TAG FREI NEHMEN

Lösung

S D P V K E R H S Q Q N R F F D Z Z D
L G T W T V U H N A P Y D U M U E C O
J A P A F F N X K E D N E A H W R S P
H L N C G R S V R G S Y U Q L E E Z T
U O J X Q B E Y E G E Y W J I F M C M
R C K Z N W D U Z H Z L B U E A O R S
Q Z P E O Q F B N S E A C R B E N U E
J P N J E T S L K D P U Z H L O I D X
B V L N K R U S Y V E J G A I I E O D
I O T G I D P T B Q T A X N N N H H K
A N D F T N V V I I N F M E G E A Y F
V I C N W E F E N E O U G S E M P A Q
H E J E C B M A G H A W D S M H P D H
P R S N P E F Z A C T E R O U E Y H Q
S F W I T G Q I N S W T E T S N A T M
Q C G E A S E W C N D R I S I L N R Y
W R H T H U W U B E U D N N K U Y I O
D H W U E A S C E U L U L A N M C B N
F Z N I E A Z T V W G O A B S L O N L
N E N M T T Z B Z L P L D J J X P O C
G E C L I A T Z A N Y Y E V J U N Y P
N K Y Y F V H E K E R N N F F C L Z J
D C W N Y F G A L U O G S F G S V O W
V H I K P R J V L N I K S F L T E X A

B	K	X	B	M	L	A	C	H	E	N	Q	U	L	M	Z	W	Y	Z
X	F	T	M	M	C	Q	B	R	X	W	S	C	W	Y	I	E	W	O
L	T	I	F	U	R	C	H	T	S	L	O	S	E	S	Z	C	X	A
H	N	K	N	Y	Q	E	B	L	Q	D	V	W	T	U	R	F	M	R
U	I	Q	K	Z	F	D	L	N	I	I	O	A	Q	N	O	P	X	W
N	K	K	A	M	D	N	L	M	M	E	R	U	T	B	G	L	X	E
X	O	A	T	D	K	E	F	E	I	U	B	B	V	E	T	N	V	D
R	Q	G	W	W	X	N	D	N	H	L	X	E	I	K	J	D	P	N
Q	Z	B	E	W	N	N	C	S	V	D	N	D	D	U	O	X	H	U
S	U	R	E	V	E	A	A	C	D	P	R	N	D	E	P	V	X	E
K	G	E	X	N	B	P	I	H	S	Q	V	U	Y	M	G	Z	P	R
O	T	L	N	X	E	S	H	E	H	H	Q	T	K	M	W	A	D	F
I	C	L	E	U	G	I	J	N	X	G	E	C	Z	E	U	Z	N	J
K	U	O	S	Z	M	P	Z	S	C	U	R	N	Q	R	F	U	P	W
G	T	T	I	U	U	N	T	Y	G	Z	A	T	X	T	Q	I	N	G
T	X	A	E	E	G	Q	Q	M	E	N	A	H	W	E	X	R	S	H
G	E	O	R	J	I	T	S	F	H	M	E	M	Y	S	Y	P	G	C
M	U	Z	H	K	W	D	X	H	G	Q	L	T	I	O	K	Q	G	I
I	F	U	L	F	U	K	X	E	T	E	E	A	L	B	U	E	R	D
B	O	P	M	Q	O	U	C	B	H	L	F	Q	Y	A	F	D	D	S
I	E	I	V	Q	M	L	Q	I	C	V	Q	S	Y	D	H	I	X	R
A	G	H	X	L	A	I	D	N	U	A	Y	Z	U	Q	H	Y	G	I
H	J	U	Z	W	F	T	A	E	M	W	H	A	N	D	E	L	N	D
I	J	J	P	Q	M	Y	B	E	K	B	E	G	G	I	O	K	S	Y

Ich wünsche Dir

FURCHTSLOSES HANDELN
UNBEKUEMMERTES LACHEN
FREUNDE DIE ZU DIR HALTEN
SPANNENDE UND TOLLE REISEN
LIEBE MENSCHEN DIE DICH UMGEBEN

Lösung

B K X B M L A C H E N Q U L M Z W Y Z
X F T M M C Q B R X W S C W Y I E W O
L T I F U R C H T S L O S E S Z C X A
H N K N Y Q E B L Q D V W T U R F M R
U I Q K Z F D L N I I O A Q N O P X W
N K K A M D N L M M E R U T B G L X E
X O A T D K E F E I U B B V E T N V D
R Q G W W X N D N H L X E I K J D P N
Q Z B E W N N C S V D N D D U O X H U
S U R E V E A A C D P R N D E P V X E
K G E X N B P I H S Q V U Y M G Z P R
O T L N X E S H E H H Q T K M W A D F
I C L E U G I J N X G E C Z E U Z N J
K U O S Z M P Z S C U R N Q R F U P W
G T T I U U N T Y G Z A T X T Q I N G
T X A E E G Q Q M E N A H W E X R S H
G E O R J I T S F H M E M Y S Y P G C
M U Z H K W D X H G Q L T I O K Q G I
I F U L F U K X E T E E A L B U E R D
B O P M Q O U C B H L F Q Y A F D D S
I E I V Q M L Q I C V Q S Y D H I X R
A G H X L A I D N U A Y Z U Q H Y G I
H J U Z W F T A E M W H A N D E L N D
I J J P Q M Y B E K B E G G I O K S Y

P	R	T	F	A	R	K	S	Y	W	S	Y	B	C	T	B	K	P	N
Q	I	A	A	K	Q	W	U	Y	B	E	Q	D	O	T	E	M	H	V
L	K	F	M	X	M	F	F	R	M	B	W	P	K	Z	N	R	I	D
U	I	V	E	I	V	C	Q	I	S	J	R	H	T	U	U	Y	Q	E
X	L	F	F	X	H	K	D	V	T	R	U	U	E	T	T	D	I	E
S	W	N	E	H	C	I	E	R	R	E	C	I	I	G	C	G	E	O
V	M	P	M	G	S	I	V	T	Z	D	R	K	S	W	R	F	S	X
A	Z	S	T	P	I	Z	J	K	M	P	N	V	V	E	J	K	S	L
B	N	V	E	G	E	P	Z	O	Z	O	E	R	N	G	U	X	I	I
D	N	T	F	S	X	E	L	E	I	Z	L	E	G	J	V	C	N	E
N	Y	H	A	D	S	F	M	L	O	Z	L	J	C	K	A	L	R	B
G	G	D	M	O	A	O	D	Q	B	J	E	M	W	Y	S	D	E	E
L	J	E	I	S	E	S	R	H	J	R	U	J	T	P	N	H	D	S
R	R	I	L	U	N	G	H	G	P	Q	Q	N	T	F	Z	B	N	G
P	T	N	I	Y	H	Q	T	G	M	D	C	D	C	Z	I	B	I	L
M	O	E	E	M	O	P	Z	E	L	E	E	I	D	W	F	R	H	U
A	G	I	N	W	O	T	P	R	L	P	M	M	E	B	E	X	L	E
G	M	T	G	U	W	E	H	U	H	G	C	G	W	B	C	P	E	C
W	N	C	L	E	L	K	H	P	Z	M	E	M	A	F	D	N	W	K
Q	H	G	U	V	K	D	X	Y	S	U	I	W	U	Q	I	H	O	A
L	H	P	E	D	X	T	L	J	N	T	S	C	I	Q	H	D	P	U
M	C	X	C	A	X	X	D	N	R	P	A	Q	B	D	Z	S	H	T
X	E	H	K	S	J	L	H	V	M	H	U	A	T	J	I	X	P	N
J	L	D	K	E	X	V	Z	N	E	K	N	E	H	C	S	E	X	F

7

Ich wünsche Dir

DAS PURE LIEBESGLUECK
WEGE OHNE HINDERNISSE
GROSSES FAMILIENGLUECK
QUELLEN DIE DIR ENERGIE SCHENKEN
DIE KRAFT UM DEINE ZIELE ZU ERREICHEN

Lösung

P R T F A R K S Y W S Y B C T B K P N
Q I A A K Q W U Y B E Q D O T E M H V
L K F M X M F F R M B W P K Z N R I D
U I V E I V C Q I S J R H T U U Y Q E
X L F F X H K D V T R U U E T T D I E
S W N E H C I E R R E C I I G C G E O
V M P M G S I V T Z D R K S W R F S X
A Z S T P I Z J K M P N V V E J K S L
B N V E G E P Z O Z O E R N G U X I I
D N T F S X E L E I Z L E G J V C N E
N Y H A D S F M L O Z L J C K A L R B
G G D M O A O D Q B J E M W Y S D E E
L J E I S E S R H J R U J T P N H D S
R R I L U N G H G P Q Q N T F Z B N G
P T N I Y H Q T G M D C D C Z I B I L
M O E E M O P Z E L E E I D W F R H U
A G I N W O T P R L P M M E B E X L E
G M T G U W E H U H G C G W B C P E C
W N C L E L K H P Z M E M A F D N W K
Q H G U V K D X Y S U I W U Q I H O A
L H P E D X T L J N T S C I Q H D P U
M C X C A X X D N R P A Q B D Z S H T
X E H K S J L H V M H U A T J I X P N
J L D K E X V Z N E K N E H C S E X F

T F M X I O J E B U X C J X V N F R F
V W E R K E N N E N T O J T I E E I G
C Q N E N I E D G O K H I M O M H K L
F M V I B O W W X F X X N A M W E O F
M B S Y A Q U D Y I M B I I P Q R U R
F D Q O Y W T D U F U Z F V Y W Z O O
G M C Z T L E C U T J D Q W O K E H H
C T T V X G F J V E D A F X I K N T E
O Y T T A M H T Q P Z K F S I K R M S
Q K K H S N A S A D D B I G Q Y N U G
Q E C W C H I G C E E U P A E S Z V M
J C T I J N C R N N F U L U N J G B J
F F I K Y P R N N D W N U X S D X H N
R S D T Z U O T F J E L E R F O L G E
E K A E W S E H K L G N C V E Y E B L
U I S U N I V W I G E S E G W F J I J
D G R M N F E D J X N F C L W K L X D
E V M E P N I I E C R B A H L P P J O
W W Y G E A M C V B A U C H E A U S E
R A D O V F E H T B W Y K L X I N C F
J Z H J K F S D P J M E A J P U N H C
H C O Z R U Z J T E K Z L L H G W T V
S P G K L E I N I G K E I T E N A U F
O Y N M S R T M I Z S T X A Y E Z R Q

Ich wünsche Dir

FREUDE IM HERZEN
EIN FROHES GEMUET
ERFOLG AUF ALLEN DEINEN WEGEN
DAS DIE SONNE IMMER FUER DICH SCHEINT
DAS SCHOENE AUCH IN KLEINIGKEITEN ERKENNEN

Lösung

T	F	M	X	I	O	J	E	B	U	X	C	J	X	V	N	F	R	F
V	W	E	R	K	E	N	N	E	N	T	O	J	T	I	E	E	I	G
C	Q	N	E	N	I	E	D	G	O	K	H	I	M	O	M	H	K	L
F	M	V	I	B	O	W	W	X	F	X	X	N	A	M	W	E	O	F
M	B	S	Y	A	Q	U	D	Y	I	M	B	I	I	P	Q	R	U	R
F	D	Q	O	Y	W	T	D	U	F	U	Z	F	V	Y	W	Z	O	O
G	M	C	Z	T	L	E	C	U	T	J	D	Q	W	O	K	E	H	H
C	T	T	V	X	G	F	J	V	E	D	A	F	X	I	K	N	T	E
O	Y	T	T	A	M	H	T	Q	P	Z	K	F	S	I	K	R	M	S
Q	K	K	H	S	N	A	S	A	D	D	B	I	G	Q	Y	N	U	G
Q	E	C	W	C	H	I	G	C	E	E	U	P	A	E	S	Z	V	M
J	C	T	I	J	N	C	R	N	N	F	U	L	U	N	J	G	B	J
F	F	I	K	Y	P	R	N	N	D	W	N	U	X	S	D	X	H	N
R	S	D	T	Z	U	O	T	F	J	E	L	E	R	F	O	L	G	E
E	K	A	E	W	S	E	H	K	L	G	N	C	V	E	Y	E	B	L
U	I	S	U	N	I	V	W	I	G	E	S	E	G	W	F	J	I	J
D	G	R	M	N	F	E	D	J	X	N	F	C	L	W	K	L	X	D
E	V	M	E	P	N	I	I	E	C	R	B	A	H	L	P	P	J	O
W	W	Y	G	E	A	M	C	V	B	A	U	C	H	E	A	U	S	E
R	A	D	O	V	F	E	H	T	B	W	Y	K	L	X	I	N	C	F
J	Z	H	J	K	F	S	D	P	J	M	E	A	J	P	U	N	H	C
H	C	O	Z	R	U	Z	J	T	E	K	Z	L	L	H	G	W	T	V
S	P	G	K	L	E	I	N	I	G	K	E	I	T	E	N	A	U	F
O	Y	N	M	S	R	T	M	I	Z	S	T	X	A	Y	E	Z	R	Q

B	S	T	N	A	S	P	W	W	M	E	C	I	N	I	W	J	Y	S
S	W	C	T	V	E	V	Q	K	C	I	D	S	T	C	A	T	I	C
I	L	J	Y	T	T	M	O	V	I	A	S	I	Q	E	K	D	S	H
E	G	L	S	B	Z	X	V	A	S	T	P	D	D	N	D	P	W	W
I	Z	E	J	I	Z	S	T	L	G	Q	Z	O	O	T	E	Q	W	I
Y	B	Z	E	D	A	P	N	E	W	G	Q	W	V	S	I	R	C	E
L	A	L	R	E	C	E	Y	B	L	U	M	I	V	C	N	R	P	R
K	E	D	P	R	B	N	L	E	Z	G	E	U	V	H	E	H	Q	I
A	B	A	L	E	M	T	S	N	D	U	Y	S	B	L	D	C	N	G
S	S	Y	L	H	D	L	V	S	F	Z	O	U	Y	O	L	I	Q	E
I	G	O	K	S	Y	L	V	F	T	N	R	B	O	S	K	D	R	N
T	S	X	Y	C	B	P	L	R	N	R	E	U	F	S	I	T	E	Y
U	T	C	G	R	K	T	I	E	Y	F	Q	F	S	E	V	F	A	U
A	E	V	N	Z	C	G	N	U	M	X	M	E	Q	N	S	U	L	X
T	D	K	B	M	T	S	Z	D	M	Q	R	A	V	H	X	E	I	K
I	N	J	Z	G	C	N	R	E	E	U	W	U	C	E	L	R	S	G
O	E	P	M	H	L	B	J	Z	N	G	P	C	L	I	E	P	I	E
N	G	C	E	S	L	U	A	H	X	H	X	H	Y	T	N	N	E	V
E	R	I	N	P	I	N	I	E	D	T	D	K	O	F	T	E	R	R
N	N	R	R	P	H	R	M	L	B	S	T	A	Z	P	I	S	E	B
H	Z	N	E	E	K	P	V	A	Q	M	K	Q	S	F	N	A	N	U
W	G	I	T	C	Z	X	E	I	I	L	L	L	X	U	B	O	G	X
S	J	E	S	B	K	E	V	X	M	J	S	M	H	Q	C	S	D	T
X	D	Q	E	K	R	N	B	Z	S	T	E	N	G	E	R	K	R	T

Ich wünsche Dir

SONNENSCHEIN DER NIE ENDET
NUR DAS BESTE FUER DEIN LEBEN
DAS ES STERNE FUER DICH REGNET
ENTSCHLOSSENHEIT DEINE ZIELE ZU REALISIEREN
LEBENSFREUDE AUCH IN SCHWIERIGEN SITUATIONEN

Lösung

B S T N A S P W W M E C I N I W J Y S
S W C T V E V Q K C I D S T C A T I C
I L J Y T T M O V I A S I Q E K D S H
E G L S B Z X V A S T P D D N D P W W
I Z E J I Z S T L G Q Z O O T E Q W I
Y B Z E D A P N E W G Q W V S I R C E
L A L R E C E Y B L U M I V C N R P R
K E D P R B N L E Z G E U V H E H Q I
A B A L E M T S N D U Y S B L D C N G
S S Y L H D L V S F Z O U Y O L I Q E
I G O K S Y L V F T N R B O S K D R N
T S X Y C B P L R N R E U F S I T E Y
U T C G R K T I E Y F Q F S E V F A U
A E V N Z C G N U M X M E Q N S U L X
T D K B M T S Z D M Q R A V H X E I K
I N J Z G C N R E E U W U C E L R S G
O E P M H L B J Z N G P C L I E P I E
N G C E S L U A H X H X H Y T N N E V
E R I N P I N I E D T D K O F T E R R
N N R R P H R M L B S T A Z P I S E B
H Z N E E K P V A Q M K Q S F N A N U
W G I T C Z X E I I L L L X U B O G X
S J E S B K E V X M J S M H Q C S D T
X D Q E K R N B Z S T E N G E R K R T

S W R Z U R Z C V L N Q F Q Z W U C T
J P P V L K N W K Z G V A I U Q Y L Y
W W T T G D D R H W H D F P V U Z A O
U Z H K L B U I Z D C B T U J I Z S I
W U C N Z Z V F E R B T R N S B V G R
Z T I D Z M N Q D S U Q U V B T U M L
Q N S B I Y L I J O Y K B E G X M V R
S Y R U W A Q Y N P F T E R E A E P E
I O E R X E M Z Y Q I M L R L E W K R
R S V W I H L A A Z D L C U E D I F G
E G U K C P C I N I P W B E G C A R R
U K Z Z S H E G B T Y J Z C E J T E E
T R T H F D W M F A E O I K N N L U I
L B I X Q W N S G E T N R B H M I N F
N X E K G L U K B P A S E A E G Y D E
C D H A A S I V W I H H A R I L Y S N
Q P N U V O M Q L X G M V E T G L C W
T I E S C T C O M U N U R O E M G H K
D P S L L X P D T X S A D R N H M A O
Y E S O E T I E H D N U S E G X T F Q
J R A K I H U I U N I G J U J Y K T B
O H L T G B E M J K B Z L O Z O I E U
A I E C T U M R F P Y Y I I T B R N E
I Q G Z O I S F L K P Y K N F X A S X

Ich
wünsche
Dir

DIAMANTENE GESUNDHEIT
GELASSENHEIT IM TRUBEL
STABILE FREUNDSCHAFTEN
UNVERRUECKBARE ZUVERSICHT
MUT UM GELEGENHEITEN ZU ERGREIFEN

Lösung

S	W	R	Z	U	R	Z	C	V	L	N	Q	F	Q	Z	W	U	C	T
J	P	P	V	L	K	N	W	K	Z	G	V	A	I	U	Q	Y	L	Y
W	W	T	T	G	D	D	R	H	W	H	D	F	P	V	U	Z	A	O
U	Z	H	K	L	B	U	I	Z	D	C	B	T	U	J	I	Z	S	I
W	U	C	N	Z	Z	V	F	E	R	B	T	R	N	S	B	V	G	R
Z	T	I	D	Z	M	N	Q	D	S	U	Q	U	V	B	T	U	M	L
Q	N	S	B	I	Y	L	I	J	O	Y	K	B	E	G	X	M	V	R
S	Y	R	U	W	A	Q	Y	N	P	F	T	E	R	E	A	E	P	E
I	O	E	R	X	E	M	Z	Y	Q	I	M	L	R	L	E	W	K	R
R	S	V	W	I	H	L	A	A	Z	D	L	C	U	E	D	I	F	G
E	G	U	K	C	P	C	I	N	I	P	W	B	E	G	C	A	R	R
U	K	Z	Z	S	H	E	G	B	T	Y	J	Z	C	E	J	T	E	E
T	R	T	H	F	D	W	M	F	A	E	O	I	K	N	N	L	U	I
L	B	I	X	Q	W	N	S	G	E	T	N	R	B	H	M	I	N	F
N	X	E	K	G	L	U	K	B	P	A	S	E	A	E	G	Y	D	E
C	D	H	A	A	S	I	V	W	I	H	H	A	R	I	L	Y	S	N
Q	P	N	U	V	O	M	Q	L	X	G	M	V	E	T	G	L	C	W
T	I	E	S	C	T	C	O	M	U	N	U	R	O	E	M	G	H	K
D	P	S	L	L	X	P	D	T	X	S	A	D	R	N	H	M	A	O
Y	E	S	O	E	T	I	E	H	D	N	U	S	E	G	X	T	F	Q
J	R	A	K	I	H	U	I	U	N	I	G	J	U	J	Y	K	T	B
O	H	L	T	G	B	E	M	J	K	B	Z	L	O	Z	O	I	E	U
A	I	E	C	T	U	M	R	F	P	Y	Y	I	I	T	B	R	N	E
I	Q	G	Z	O	I	S	F	L	K	P	Y	K	N	F	X	A	S	X

U	S	C	O	R	O	T	Q	M	H	K	Y	E	T	H	Y	S	D	Y
S	L	G	W	H	X	T	R	P	X	N	Z	B	I	K	P	V	B	N
N	S	Z	X	A	A	I	R	E	D	N	A	N	I	E	R	E	U	F
N	V	J	V	L	Q	E	X	J	I	A	K	Q	K	E	P	U	L	N
V	W	F	M	T	E	H	X	L	S	D	U	W	L	T	C	E	I	X
F	P	I	M	B	C	N	W	V	S	Q	P	Z	F	J	B	E	D	F
G	N	A	R	D	N	E	T	A	T	Y	V	G	R	E	E	S	M	Z
K	X	C	V	F	O	S	L	M	P	O	A	U	N	U	X	I	O	F
V	E	C	D	B	J	S	G	C	B	R	S	E	V	T	W	W	U	A
E	N	J	S	E	C	O	V	G	J	V	F	U	X	Y	J	X	X	A
M	A	A	C	V	F	L	W	W	T	E	D	E	E	B	O	P	A	V
P	G	M	D	T	V	H	W	Y	K	S	W	Q	J	Q	M	G	N	E
V	T	J	R	M	I	C	S	J	O	Q	E	T	E	Q	N	N	A	R
H	X	D	F	D	V	S	V	E	M	T	M	T	N	U	I	E	I	D
J	L	I	S	B	P	T	E	G	I	P	P	M	H	W	E	I	V	Q
B	J	M	G	O	S	N	P	A	K	E	U	P	O	C	S	W	V	O
H	P	N	D	M	L	E	K	N	P	O	R	S	A	Y	E	D	T	V
F	E	W	H	M	D	I	E	K	F	X	T	F	Z	P	H	N	U	Y
Y	J	I	O	G	R	R	D	P	Q	X	H	U	N	P	K	Y	M	G
G	O	A	W	B	U	S	P	E	O	V	E	B	M	E	P	K	A	F
I	B	K	N	F	W	T	D	B	N	A	I	G	U	P	G	A	Y	U
G	N	Z	V	J	B	N	P	N	I	E	Y	H	Z	S	D	R	M	Y
N	W	T	J	P	A	X	W	O	V	R	U	N	D	N	V	K	O	V
B	I	A	D	A	B	O	E	J	D	X	F	F	U	F	L	Z	G	S

Ich wünsche Dir

SOLIDEN HALT

EIN SORGENFREIES LEBEN

ENTSCHLOSSENHEIT UND MUT

EIN ECHTES FUEREINANDER DA SEIN

TATENDRANG UND ENTSCHLOSSENHEIT

Lösung

U S C O R O T Q M H K Y E T H Y S D Y

S L G W H X T R P X N Z B I K P V B N

N S Z X A A I R E D N A N I E R E U F

N V J V L Q E X J I A K Q K E P U L N

V W F M T E H X L S D U W L T C E I X

F P I M B C N W V S Q P Z F J B E D F

G N A R D N E T A T Y V G R E E S M Z

K X C V F O S L M P O A U N U X I O F

V E C D B J S G C B R S E V T W W U A

E N J S E C O V G J V F U X Y J X X A

M A A C V F L W W T E D E E B O P A V

P G M D T V H W Y K S W Q J Q M G N E

V T J R M I C S J O Q E T E Q N N A R

H X D F D V S V E M T M T N U I E I D

J L I S B P T E G I P P M H W E I V Q

B J M G O S N P A K E U P O C S W V O

H P N D M L E K N P O R S A Y E D T V

F E W H M D I E K F X T F Z P H N U Y

Y J I O G R R D P Q X H U N P K Y M G

G O A W B U S P E O V E B M E P K A F

I B K N F W T D B N A I G U P G A Y U

G N Z V J B N P N I E Y H Z S D R M Y

N W T J P A X W O V R U N D N V K O V

B I A D A B O E J D X F F U F L Z G S

V	H	B	S	A	R	E	A	L	I	T	A	E	T	H	C	L	T	M
T	K	Z	E	L	X	Y	L	W	O	E	D	Y	C	S	K	G	C	I
X	M	R	M	R	E	A	H	M	Y	T	X	I	W	H	V	T	M	L
O	T	N	U	E	J	G	M	I	S	K	D	R	Q	P	I	O	U	R
U	H	B	E	H	E	Q	N	M	J	W	U	N	M	P	T	R	X	O
G	C	E	A	N	E	A	D	E	Z	N	E	N	I	E	S	T	B	G
W	A	F	R	O	O	K	N	Z	Z	C	G	X	A	O	W	E	P	B
H	W	L	T	X	R	I	J	B	C	T	D	R	V	I	E	R	T	Z
C	V	U	I	Q	G	E	T	D	Y	K	U	I	E	W	N	W	I	R
C	J	E	I	N	Q	E	D	A	A	W	E	H	V	I	H	E	E	Y
F	T	G	V	P	H	V	B	E	R	L	X	O	C	B	P	N	H	W
W	T	E	T	E	K	N	I	Q	K	I	C	V	N	S	T	F	N	H
Y	J	L	N	M	J	D	U	P	C	C	P	A	K	N	V	U	E	Y
C	D	N	E	J	Z	I	Z	S	K	W	A	S	X	X	Z	R	S	J
V	N	I	S	Q	N	V	G	G	J	Z	B	H	N	U	R	Q	S	E
E	U	V	S	U	R	E	L	Y	V	Q	Z	P	V	I	K	D	A	L
K	O	X	E	S	A	K	A	T	Q	Z	G	V	L	F	A	I	L	R
T	R	B	Z	B	G	V	L	U	U	F	L	O	I	H	N	E	E	G
X	E	F	G	E	O	R	L	R	J	T	T	B	J	E	N	O	G	E
E	B	S	I	C	W	E	R	D	E	N	J	I	P	E	S	L	C	P
H	E	M	S	Y	R	B	Y	O	I	Z	T	H	A	U	T	W	Z	O
A	U	Y	V	H	C	I	D	E	C	P	M	Y	C	R	T	H	Y	U
U	W	M	Y	F	U	P	Z	W	K	P	D	N	L	H	B	L	R	G
B	T	V	P	Q	B	S	L	P	Q	D	U	F	C	U	H	T	H	U

Ich
wünsche
Dir

GELASSENHEIT UND RUHE
SOVIEL TORTE WIE DU ESSEN KANNST
INSPIRATIONEN DIE DICH BEFLUEGELN
TRAEUME DIE ZUR REALITAET WERDEN
EINEN SCHUTZENGEL DER UEBER DICH WACHT

Lösung

V H B S A R E A L I T A E T H C L T M
T K Z E L X Y L W O E D Y C S K G C I
X M R M R E A H M Y T X I W H V T M L
O T N U E J G M I S K D R Q P I O U R
U H B E H E Q N M J W U N M P T R X O
G C E A N E A D E Z N E N I E S T B G
W A F R O O K N Z Z C G X A O W E P B
H W L T X R I J B C T D R V I E R T Z
C V U I Q G E T D Y K U I E W N W I R
C J E I N Q E D A A W E H V I H E E Y
F T G V P H V B E R L X O C B P N H W
W T E T E K N I Q K I C V N S T F N H
Y J L N M J D U P C C P A K N V U E Y
C D N E J Z I Z S K W A S X X Z R S J
V N I S Q N V G G J Z B H N U R Q S E
E U V S U R E L Y V Q Z P V I K D A L
K O X E S A K A T Q Z G V L F A I L R
T R B Z B G V L U U F L O I H N E E G
X E F G E O R L R J T T B J E N O G E
E B S I C W E R D E N J I P E S L C P
H E M S Y R B Y O I Z T H A U T W Z O
A U Y V H C I D E C P M Y C R T H Y U
U W M Y F U P Z W K P D N L H B L R G
B T V P Q B S L P Q D U F C U H T H U

N	U	M	I	F	K	D	L	A	G	Y	S	E	D	W	G	G	K	C
F	V	B	E	W	E	G	E	N	D	E	S	N	E	L	A	D	I	D
G	C	T	N	E	E	W	K	V	A	M	U	T	R	U	N	T	A	V
O	E	H	G	Y	M	B	R	E	U	F	S	U	R	U	G	S	T	A
E	F	A	E	E	S	M	E	O	N	E	H	D	F	Y	E	T	P	Y
E	B	H	S	I	E	L	Q	I	B	E	V	C	J	B	L	N	M	J
C	X	L	G	L	K	J	X	R	L	X	V	X	O	Y	A	V	M	X
P	W	R	I	L	M	B	E	M	O	M	E	N	T	E	S	Q	L	U
O	U	C	I	R	X	L	J	S	V	Q	Y	B	D	I	S	V	G	F
M	X	Q	P	A	L	R	Z	A	E	F	G	D	N	W	E	S	T	G
O	Y	H	D	A	N	G	Y	S	E	D	F	Y	E	X	N	K	F	H
Z	Q	E	N	E	W	C	R	Z	X	H	H	Y	N	Q	H	J	D	X
C	P	V	G	N	S	N	Z	D	X	R	Z	L	E	X	E	K	B	K
W	P	N	E	U	J	D	B	S	D	O	U	J	O	F	I	I	Z	J
C	N	H	T	U	D	J	D	E	I	G	H	N	H	B	T	R	C	X
X	O	R	Q	G	A	J	I	P	P	S	F	Z	C	O	J	K	N	E
S	P	P	S	Z	L	J	P	M	L	D	K	I	S	Z	Z	R	W	M
Q	M	A	F	Y	L	D	X	P	M	O	I	U	A	Q	S	C	D	P
F	B	E	D	U	E	R	F	A	Q	E	V	E	R	L	E	B	E	N
D	N	S	F	D	E	P	F	O	F	O	R	D	L	V	N	K	I	C
X	J	S	Z	U	T	D	J	V	U	P	S	Z	T	G	I	A	D	A
J	C	R	Y	H	U	L	S	R	E	D	N	A	N	I	E	T	I	M
A	Q	V	J	D	J	A	P	A	Q	F	N	E	S	P	E	Q	Q	Z
X	S	Z	A	X	T	S	R	I	G	P	A	A	B	S	D	T	N	T

13

Ich wünsche Dir

NUR DAS ALLERBESTE
BEWEGENDE MOMENTE
GELASSENHEIT UND RUHE
LIEBE UND FREUDE FUER IMMER
VERLEBEN EINES SCHOENEN MITEINANDERS

Lösung

N U M I F K D L A G Y S E D W G G K C
F V B E W E G E N D E S N E L A D I D
G C T N E E W K V A M U T R U N T A V
O E H G Y M B R E U F S U R U G S T A
E F A E E S M E O N E H D F Y E T P Y
E B H S I E L Q I B E V C J B L N M J
C X L G L K J X R L X V X O Y A V M X
P W R I L M B E M O M E N T E S Q L U
O U C I R X L J S V Q Y B D I S V G F
M X Q P A L R Z A E F G D N W E S T G
O Y H D A N G Y S E D F Y E X N K F H
Z Q E N E W C R Z X H H Y N Q H J D X
C P V G N S N Z D X R Z L E X E K B K
W P N E U J D B S D O U J O F I I Z J
C N H T U D J D E I G H N H B T R C X
X O R Q G A J I P P S F Z C O J K N E
S P P S Z L J P M L D K I S Z Z R W M
Q M A F Y L D X P M O I U A Q S C D P
F B E D U E R F A Q E V E R L E B E N
D N S F D E P F O F O R D L V N K I C
X J S Z U T D J V U P S Z T G I A D A
J C R Y H U L S R E D N A N I E T I M
A Q V J D J A P A Q F N E S P E Q Q Z
X S Z A X T S R I G P A A B S D T N T

F	S	E	S	P	E	S	U	P	Q	K	E	D	B	I	M	T	U	G
O	N	D	L	Z	A	N	M	I	E	K	G	A	C	A	A	J	V	C
X	Z	N	Z	G	D	E	I	N	K	L	H	E	C	U	C	R	E	E
B	H	V	N	Q	E	E	E	E	O	G	U	N	E	G	Q	F	R	N
L	K	F	W	Z	I	R	F	F	J	G	F	L	U	V	R	A	B	N
J	C	R	G	P	G	Q	R	H	E	R	Z	L	I	C	H	E	U	F
T	E	K	Z	I	P	E	W	O	Z	J	E	I	D	Z	Q	H	N	S
K	Y	V	E	G	G	W	S	P	J	B	Y	E	F	L	Z	I	D	W
E	U	N	A	R	O	N	I	A	G	M	U	N	N	N	A	G	E	Z
E	H	I	O	W	D	X	X	V	I	E	L	I	L	P	Y	K	N	K
T	P	T	F	I	F	K	Y	I	Y	A	C	E	V	Z	Q	E	H	K
N	K	Z	M	E	I	S	T	E	R	N	M	D	B	C	J	I	E	B
E	N	E	U	A	R	T	R	E	V	T	S	B	L	E	S	T	I	K
M	K	J	G	S	C	M	Z	Q	S	X	U	M	O	Y	K	E	T	S
O	V	C	J	K	F	O	F	S	I	K	G	V	Z	U	R	N	W	M
M	H	X	G	B	V	A	E	P	T	I	B	G	T	R	P	S	L	Z
S	Y	N	A	A	N	S	E	N	U	H	C	I	L	D	N	E	N	U
K	A	S	H	V	R	L	M	M	A	T	H	F	V	F	N	X	S	Y
C	F	Q	L	S	L	M	G	Z	T	W	S	R	S	J	B	K	Z	F
E	E	I	E	A	L	K	N	T	I	A	B	S	S	I	Z	H	S	H
U	E	U	C	B	K	B	O	Z	O	O	V	I	E	L	E	H	O	G
L	K	X	K	G	A	Q	I	X	N	K	B	I	J	X	U	G	F	F
G	L	B	A	R	E	Z	B	Y	E	D	F	Y	O	G	W	B	O	E
G	C	E	N	C	S	I	B	A	N	F	C	C	Z	U	B	N	V	W

Ich wünsche Dir

UNENDLICH VIEL ERFOLG
VIELE GLUECKSMOMENTE
EINE HERZLICHE VERBUNDENHEIT
SELBSTVERTRAUEN AN DEINE FAEHIGKEITEN
GENUG ENERGIEN ALLE SITUATIONEN ZU MEISTERN

Lösung

F	S	E	S	P	E	S	U	P	Q	K	E	D	B	I	M	T	U	G
O	N	D	L	Z	A	N	M	I	E	K	G	A	C	A	A	J	V	C
X	Z	N	Z	G	D	E	I	N	K	L	H	E	C	U	C	R	E	E
B	H	V	N	Q	E	E	E	E	O	G	U	N	E	G	Q	F	R	N
L	K	F	W	Z	I	R	F	F	J	G	F	L	U	V	R	A	B	N
J	C	R	G	P	G	Q	R	H	E	R	Z	L	I	C	H	E	U	F
T	E	K	Z	I	P	E	W	O	Z	J	E	I	D	Z	Q	H	N	S
K	Y	V	E	G	G	W	S	P	J	B	Y	E	F	L	Z	I	D	W
E	U	N	A	R	O	N	I	A	G	M	U	N	N	N	A	G	E	Z
E	H	I	O	W	D	X	X	V	I	E	L	I	L	P	Y	K	N	K
T	P	T	F	I	F	K	Y	I	Y	A	C	E	V	Z	Q	E	H	K
N	K	Z	M	E	I	S	T	E	R	N	M	D	B	C	J	I	E	B
E	N	E	U	A	R	T	R	E	V	T	S	B	L	E	S	T	I	K
M	K	J	G	S	C	M	Z	Q	S	X	U	M	O	Y	K	E	T	S
O	V	C	J	K	F	O	F	S	I	K	G	V	Z	U	R	N	W	M
M	H	X	G	B	V	A	E	P	T	I	B	G	T	R	P	S	L	Z
S	Y	N	A	A	N	S	E	N	U	H	C	I	L	D	N	E	N	U
K	A	S	H	V	R	L	M	M	A	T	H	F	V	F	N	X	S	Y
C	F	Q	L	S	L	M	G	Z	T	W	S	R	S	J	B	K	Z	F
E	E	I	E	A	L	K	N	T	I	A	B	S	S	I	Z	H	S	H
U	E	U	C	B	K	B	O	Z	O	O	V	I	E	L	E	H	O	G
L	K	X	K	G	A	Q	I	X	N	K	B	I	J	X	U	G	F	F
G	L	B	A	R	E	Z	B	Y	E	D	F	Y	O	G	W	B	O	E
G	C	E	N	C	S	I	B	A	N	F	C	C	Z	U	B	N	V	W

N	B	P	S	L	G	X	T	U	H	I	C	U	H	N	J	U	A	G
V	W	Y	C	C	B	N	G	K	V	C	W	K	V	N	T	D	L	V
Z	J	U	S	R	I	T	M	T	C	A	E	W	E	B	S	U	L	L
A	P	R	R	L	Y	R	J	I	I	K	M	I	N	R	G	Z	E	L
Z	X	C	B	X	D	H	I	T	A	F	M	P	V	C	D	R	S	I
U	I	W	I	J	V	B	Q	Q	U	E	R	O	J	O	H	C	G	E
F	O	D	C	Q	R	F	L	S	R	J	E	D	U	E	R	F	P	B
Z	D	Q	H	G	V	S	S	U	W	J	L	W	K	V	X	W	L	E
E	C	M	A	K	M	Z	E	P	B	F	C	O	K	H	O	J	V	S
I	J	C	N	I	W	F	U	L	Y	K	W	V	G	O	K	M	G	N
R	M	V	C	X	O	L	Z	A	X	W	M	U	P	N	M	K	R	V
S	T	F	E	S	H	Z	H	H	C	O	K	O	H	N	Q	J	E	X
P	V	F	N	T	H	X	G	F	B	B	V	P	W	E	C	R	W	L
X	L	T	H	U	Z	F	K	A	U	F	I	K	K	O	G	X	K	E
E	U	C	R	N	V	Y	E	J	L	S	L	H	E	R	Z	E	N	P
N	N	I	E	E	O	R	T	G	G	E	N	O	R	T	A	M	V	W
E	R	U	P	N	B	W	Q	J	U	I	B	E	E	H	N	I	F	U
K	N	O	J	I	Y	B	I	D	K	D	R	I	S	M	W	S	J	C
L	O	E	S	E	G	E	N	I	C	U	T	A	L	S	E	W	X	Z
W	Y	M	G	L	A	L	M	H	E	U	E	Y	G	H	O	F	C	W
K	A	N	N	S	T	U	W	V	U	L	F	F	Q	V	C	R	K	R
X	B	Q	P	I	Z	J	J	J	L	D	X	S	G	C	P	B	G	M
C	B	E	X	H	L	H	A	F	G	N	E	Z	T	U	N	S	V	P
Q	M	I	V	O	L	L	R	S	W	K	M	U	Q	V	B	M	O	Y

Ich wünsche Dir

PURE FREUDE

GROSSEN SEGEN

VOM HERZEN ALLES LIEBE

EINEN EIMER VOLL GLUECK

CHANCEN DIE DU NUTZEN KANNST

Lösung

N B P S L G X T U H I C U H N J U A G
V W Y C C B N G K V C W K V N T D L V
Z J U S R I T M T C A E W E B S U L L
A P R R L Y R J I I K M I N R G Z E L
Z X C B X D H I T A F M P V C D R S I
U I W I J V B Q Q U E R O J O H C G E
F O D C Q R F L S R J E D U E R F P B
Z D Q H G V S S U W J L W K V X W L E
E C M A K M Z E P B F C O K H O J V S
I J C N I W F U L Y K W V G O K M G N
R M V C X O L Z A X W M U P N M K R V
S T F E S H Z H H C O K O H N Q J E X
P V F N T H X G F B B V P W E C R W L
X L T H U Z F K A U F I K K O G X K E
E U C R N V Y E J L S L H E R Z E N P
N N I E E O R T G G E N O R T A M V W
E R U P N B W Q J U I B E E H N I F U
K N O J I Y B I D K D R I S M W S J C
L O E S E G E N I C U T A L S E W X Z
W Y M G L A L M H E U E Y G H O F C W
K A N N S T U W V U L F F Q V C R K R
X B Q P I Z J J J L D X S G C P B G M
C B E X H L H A F G N E Z T U N S V P
Q M I V O L L R S W K M U Q V B M O Y

L	L	N	B	Y	W	V	I	U	E	D	M	R	F	I	S	N	Z	O
F	P	W	T	G	E	F	U	E	L	L	T	E	N	R	E	T	M	O
L	I	E	B	E	G	F	B	T	F	M	P	E	E	R	N	B	X	Y
I	N	A	Y	U	R	D	I	E	R	D	N	U	N	H	F	L	Q	F
S	S	C	A	D	O	X	H	G	M	D	T	J	Y	R	U	F	Z	W
S	G	D	V	N	E	M	I	G	N	U	N	F	F	O	H	R	S	N
L	R	X	R	A	S	B	X	I	B	E	A	Q	R	M	X	V	L	N
P	Z	W	Z	Y	S	P	H	N	Y	D	T	W	A	N	P	K	D	J
Z	R	L	C	N	T	E	D	N	E	K	R	E	A	T	S	X	G	F
R	E	J	U	V	E	T	Q	W	K	C	C	W	B	O	U	Q	F	L
C	H	O	B	Y	N	E	I	M	M	E	R	N	M	E	X	W	M	E
D	Z	F	A	L	P	L	G	J	C	L	G	O	H	U	K	R	R	C
D	U	G	M	C	R	L	F	E	A	W	F	E	H	N	Q	P	J	K
O	E	Z	J	Z	U	E	P	W	S	I	A	R	X	L	I	Z	R	E
Q	W	Q	Z	X	S	R	B	E	X	C	A	Q	E	G	Q	R	G	R
O	P	U	N	R	U	H	I	G	E	N	H	E	K	P	U	W	E	E
H	Z	N	E	T	S	N	E	O	H	C	S	E	Q	U	E	O	I	I
Y	A	J	R	N	E	T	L	Q	T	O	X	F	N	K	G	N	W	E
O	H	C	H	T	C	L	G	E	W	B	V	K	I	K	O	B	H	N
O	B	T	I	X	O	V	I	I	N	C	L	G	A	U	E	Z	F	T
K	P	E	B	X	N	Z	Z	X	B	E	T	C	K	F	Q	G	S	V
A	Z	F	Y	F	W	R	W	H	T	N	N	V	O	L	L	E	R	G
Z	T	I	T	H	S	N	I	I	P	I	B	I	M	B	A	X	Q	A
K	Z	E	J	X	L	D	M	X	F	X	M	D	E	M	Y	D	C	Z

Ich wünsche Dir

EIN HERZ VOLLER LIEBE
STAERKENDE HOFFNUNG
RUHE IN UNRUHIGEN ZEITEN
DIE SCHOENSTEN UND GROESSTEN GESCHENKE
EINEN IMMER MIT LECKEREIEN GEFUELLTEN TELLER

Lösung

L L N B Y W V I U E D M R F I S N Z O

F P W T G E F U E L L T E N R E T M O

L I E B E G F B T F M P E E R N B X Y

I N A Y U R D I E R D N U N H F L Q F

S S C A D O X H G M D T J Y R U F Z W

S G D V N E M I G N U N F F O H R S N

L R X R A S B X I B E A Q R M X V L N

P Z W Z Y S P H N Y D T W A N P K D J

Z R L C N T E D N E K R E A T S X G F

R E J U V E T Q W K C C W B O U Q F L

C H O B Y N E I M M E R N M E X W M E

D Z F A L P L G J C L G O H U K R R C

D U G M C R L F E A W F E H N Q P J K

O E Z J Z U E P W S I A R X L I Z R E

Q W Q Z X S R B E X C A Q E G Q R G R

O P U N R U H I G E N H E K P U W E E

H Z N E T S N E O H C S E Q U E O I I

Y A J R N E T L Q T O X F N K G N W E

O H C H T C L G E W B V K I K O B H N

O B T I X O V I I N C L G A U E Z F T

K P E B X N Z Z X B E T C K F Q G S V

A Z F Y F W R W H T N N V O L L E R G

Z T I T H S N I I P I B I M B A X Q A

K Z E J X L D M X F X M D E M Y D C Z

K	L	K	N	D	R	K	K	Q	A	G	V	J	A	O	V	G	D	N
O	Q	E	W	J	A	H	R	O	G	K	G	W	I	G	X	X	B	F
X	T	M	I	J	B	D	X	J	I	Y	C	D	N	T	B	U	C	Q
N	E	A	V	V	M	F	T	N	S	J	D	E	L	G	R	L	O	Q
N	G	F	U	Y	D	A	D	V	Z	I	E	R	V	Q	H	E	M	I
E	A	L	N	J	O	G	A	T	E	E	E	E	U	B	L	K	W	F
H	B	I	L	Z	H	F	J	A	O	D	J	N	C	N	C	X	M	P
C	M	E	Z	N	J	B	Q	N	E	S	I	F	M	E	V	N	X	Z
S	S	B	V	Q	N	E	G	J	T	H	W	P	U	I	H	F	S	R
N	D	E	N	C	P	G	F	D	T	Q	C	L	M	C	R	M	I	I
E	C	I	W	D	L	L	B	X	L	F	G	M	F	T	B	A	Z	I
M	X	W	U	E	E	E	P	Z	T	O	J	E	C	M	C	B	S	N
K	S	F	B	B	X	I	H	S	L	F	W	N	Y	C	V	E	F	W
Q	J	E	I	H	B	T	Y	T	U	R	N	I	I	Z	Y	N	H	A
N	N	R	U	G	C	E	U	B	H	N	W	E	S	N	N	T	L	S
I	M	M	E	R	C	T	E	G	C	C	D	D	T	A	E	E	B	M
I	P	V	O	L	A	G	N	L	I	D	E	R	I	G	Q	U	K	F
Z	A	H	J	R	L	E	O	U	D	Y	I	D	B	H	J	E	N	D
P	E	K	L	E	B	O	Q	Q	H	I	U	O	M	C	I	R	J	V
O	D	H	I	E	B	R	V	Y	F	N	S	A	D	I	Z	F	Z	P
F	A	T	L	Q	I	B	E	S	T	E	I	N	I	D	Y	F	H	E
K	E	N	P	I	S	O	Q	A	O	S	H	E	Y	P	V	Y	X	N
N	M	H	I	M	S	S	A	P	S	C	L	B	K	Y	S	F	D	V
H	N	L	D	F	J	M	M	S	F	L	H	Y	Z	L	D	R	F	C

Ich wünsche Dir

GANZ VIEL SPASS IM LEBEN
EIN JAHR VOLLER ABENTEUER
GLUECK WAS DICH IMMER BEGLEITET
LIEBE MENSCHEN DIE DICH BEGLEITEN
DAS JEDER TAG DER BESTE IN DEINEM LEBEN IST

Lösung

K L K N D R K K Q A G V J A O V G D N
O Q E W J A H R O G K G W I G X X B F
X T M I J B D X J I Y C D N T B U C Q
N E A V V M F T N S J D E L G R L O Q
N G F U Y D A D V Z I E R V Q H E M I
E A L N J O G A T E E E E U B L K W F
H B I L Z H F J A O D J N C N C X M P
C M E Z N J B Q N E S I F M E V N X Z
S S B V Q N E G J T H W P U I H F S R
N D E N C P G F D T Q C L M C R M I I
E C I W D L L B X L F G M F T B A Z I
M X W U E E E P Z T O J E C M C B S N
K S F B B X I H S L F W N Y C V E F W
Q J E I H B T Y T U R N I I Z Y N H A
N N R U G C E U B H N W E S N N T L S
I M M E R C T E G C C D D T A E E B M
I P V O L A G N L I D E R I G Q U K F
Z A H J R L E O U D Y I D B H J E N D
P E K L E B O Q Q H I U O M C I R J V
O D H I E B R V Y F N S A D I Z F Z P
F A T L Q I B E S T E I N I D Y F H E
K E N P I S O Q A O S H E Y P V Y X N
N M H I M S S A P S C L B K Y S F D V
H N L D F J M M S F L H Y Z L D R F C

W	S	F	D	A	N	K	B	A	R	K	E	I	T	C	L	N	H	L
O	D	D	I	F	R	E	U	N	D	E	C	Z	G	Y	L	U	C	S
P	G	D	I	C	H	G	L	W	X	V	S	B	R	S	M	Q	I	U
O	H	N	E	E	R	I	N	N	E	R	U	N	G	E	N	S	D	U
J	W	I	H	M	D	T	C	L	F	R	D	A	U	K	K	C	V	R
Z	W	L	D	U	F	P	D	P	U	B	E	G	E	Q	C	H	B	V
S	R	S	A	N	L	S	F	Z	N	U	I	L	R	R	E	W	U	Z
F	A	D	Y	J	U	R	Z	H	Y	L	N	E	P	D	P	E	E	W
N	J	Z	C	Q	I	B	G	O	L	M	E	H	M	U	Z	L	B	L
P	U	K	X	E	R	I	S	A	L	K	G	C	I	R	Z	G	D	K
X	D	K	D	T	B	G	W	Z	N	P	B	I	Z	G	K	E	D	R
R	K	E	O	R	O	E	P	R	F	Z	I	L	R	P	A	N	J	B
Y	N	N	X	M	K	T	I	Y	G	I	B	D	J	S	Y	P	C	N
D	U	E	E	G	O	N	L	D	M	T	L	N	K	H	J	X	I	E
C	U	R	G	P	I	E	Q	D	Q	W	K	E	L	E	I	V	V	N
D	V	E	U	I	J	T	P	T	G	D	F	N	K	P	T	X	P	E
R	E	N	E	N	Y	S	W	B	Q	V	U	U	D	Z	X	J	H	O
E	X	N	T	G	E	B	B	A	N	E	R	E	S	S	U	E	A	H
U	W	I	G	V	G	E	U	E	B	I	N	G	S	S	J	B	V	C
F	E	L	W	Q	O	I	I	N	E	T	I	E	L	G	E	B	I	S
Z	J	V	U	P	E	L	U	P	K	K	V	V	D	J	A	B	V	N
I	T	N	J	A	G	P	W	I	U	Z	N	E	U	E	R	T	R	H
B	U	W	H	A	Z	R	I	N	U	O	A	M	A	H	O	G	V	H
Q	M	J	R	L	B	H	D	D	O	W	A	H	S	Z	A	F	R	M

18

Ich wünsche Dir

UNENDLICHE DANKBARKEIT
INNEREN UND AEUSSEREN FRIEDEN
TREUE FREUNDE DIE DICH BEGLEITEN
IN SCHOENEN ERINNERUNGEN ZU SCHWELGEN
GANZ VIEL ZEIT FUER DICH UND DEINE LIEBSTEN

W	S	F	D	A	N	K	B	A	R	K	E	I	T	C	L	N	H	L
O	D	D	I	F	R	E	U	N	D	E	C	Z	G	Y	L	U	C	S
P	G	D	I	C	H	G	L	W	X	V	S	B	R	S	M	Q	I	U
O	H	N	E	E	R	I	N	N	E	R	U	N	G	E	N	S	D	U
J	W	I	H	M	D	T	C	L	F	R	D	A	U	K	K	C	V	R
Z	W	L	D	U	F	P	D	P	U	B	E	G	E	Q	C	H	B	V
S	R	S	A	N	L	S	F	Z	N	U	I	L	R	R	E	W	U	Z
F	A	D	Y	J	U	R	Z	H	Y	L	N	E	P	D	P	E	E	W
N	J	Z	C	Q	I	B	G	O	L	M	E	H	M	U	Z	L	B	L
P	U	K	X	E	R	I	S	A	L	K	G	C	I	R	Z	G	D	K
X	D	K	D	T	B	G	W	Z	N	P	B	I	Z	G	K	E	D	R
R	K	E	O	R	O	E	P	R	F	Z	I	L	R	P	A	N	J	B
Y	N	N	X	M	K	T	I	Y	G	I	B	D	J	S	Y	P	C	N
D	U	E	E	G	O	N	L	D	M	T	L	N	K	H	J	X	I	E
C	U	R	G	P	I	E	Q	D	Q	W	K	E	L	E	I	V	V	N
D	V	E	U	I	J	T	P	T	G	D	F	N	K	P	T	X	P	E
R	E	N	E	N	Y	S	W	B	Q	V	U	U	D	Z	X	J	H	O
E	X	N	T	G	E	B	B	A	N	E	R	E	S	S	U	E	A	H
U	W	I	G	V	G	E	U	E	B	I	N	G	S	S	J	B	V	C
F	E	L	W	Q	O	I	I	N	E	T	I	E	L	G	E	B	I	S
Z	J	V	U	P	E	L	U	P	K	K	V	V	D	J	A	B	V	N
I	T	N	J	A	G	P	W	I	U	Z	N	E	U	E	R	T	R	H
B	U	W	H	A	Z	R	I	N	U	O	A	M	A	H	O	G	V	H
Q	M	J	R	L	B	H	D	D	O	W	A	H	S	Z	A	F	R	M